Stephen Greenblatt

DER TYRANN

STEPHEN GREENBLATT

DER TYRANN

Shakespeares
Machtkunde
für das
21. Jahrhundert

Aus dem Englischen
von Martin Richter

Siedler

Die Originalausgabe ist 2018 unter dem Titel
»Tyrant. Shakespeare on Politics«
bei W. W. Norton, New York, erschienen.

Dieses Buch ist auch als E-Book erhältlich.

FSC www.fsc.org
MIX
Papier aus verantwortungsvollen Quellen
FSC® C014496

Verlagsgruppe Random House FSC® N001967

3. Auflage
September 2019

Redaktion: Bernd Klöckener
Umschlaggestaltung: FAVORITBUERO, München
Satz: Uhl + Massopust, Aalen
Druck und Bindung: GGP Media GmbH, Pößneck
Printed in Germany
ISBN 978-3-8275-0118-9

www.siedler-verlag.de

Für Joseph Koerner und Luke Menand

INHALT

KAPITEL 1
Verborgene Perspektiven
9

KAPITEL 2
Parteipolitik
33

KAPITEL 3
Populismus als Betrug
45

KAPITEL 4
Eine Frage des Charakters
65

KAPITEL 5
Ermöglicher
79

KAPITEL 6
Triumph der Tyrannei
99

Inhalt

Kapitel 7
Die Anstifter
111

Kapitel 8
Wahnsinn in Großen
129

Kapitel 9
Fall und Wiederaufstieg
155

Kapitel 10
Aufhaltsamer Aufstieg
173

Coda
201

Danksagung
209

Anhang
211

Anmerkungen
213

Register
217

Kapitel 1

VERBORGENE PERSPEKTIVEN

Vom Anfang seiner Karriere in den frühen 1590er-Jahren bis zu ihrem Ende rang Shakespeare immer wieder mit einer zutiefst beunruhigenden Frage: Wie ist es möglich, dass ein ganzes Land einem Tyrannen in die Hände fällt?

»Ein König herrscht über willige Untertanen, ein Tyrann über unwillige«, schrieb der einflussreiche schottische Gelehrte George Buchanan im 16. Jahrhundert. Die Institutionen einer freien Gesellschaft sind dazu geschaffen, jene abzuwehren, die, mit Buchanans Worten, »Macht nicht für ihr Land, sondern für sich ausüben würden, denen nicht am Gemeinwohl liegt, sondern an ihrem eigenen Vergnügen«.[1] Unter welchen Umständen, fragte sich Shakespeare, erweisen sich solche hochgeschätzten Institutionen, die tief verwurzelt und unüberwindlich schienen, plötzlich als fragil? Warum lassen sich so viele Menschen in die Irre führen, obwohl sie wissen, dass man sie belügt? Wie kommt eine Gestalt wie Richard III. oder Macbeth auf den Thron?

Ein solches Unheil war für Shakespeare ohne einen weiten Kreis von Mittätern nicht denkbar. Seine Dramen erkunden die psychischen Mechanismen, die eine ganze Nation dazu bewegen, ihre Ideale und sogar ihr Eigeninteresse aufzugeben. Wie kann es sein, so fragte er, dass jemand sich von einem Führer angezogen fühlt, der zum Regieren offensichtlich ungeeignet ist, der keine Selbstbeherrschung kennt, durch Hinterhältigkeit und Niedertracht brilliert oder sich nicht um die Wahrheit schert? Unter welchen Umständen wirken Zeichen von Verlogenheit, Rohheit oder Grausamkeit nicht abstoßend, sondern attraktiv, ja, erregen sogar glühende Bewunderung? Warum geben sonst stolze Menschen ihre Selbstachtung auf und unterwerfen sich der Unverfrorenheit des Tyrannen, seiner Überzeugung, ungestraft sagen und tun zu können, was er will, seiner spektakulären Schamlosigkeit?

Shakespeare stellte wiederholt den tragischen Preis dieser Unterwerfung dar – die moralische Korrumpierung, die ungeheure Vergeudung von Ressourcen, den Verlust an Menschenleben – und die verzweifelten, schmerzhaften, heroischen Anstrengungen, die nötig sind, um die Gesundheit einer angeschlagenen Nation wenigstens einigermaßen wiederherzustellen. Gibt es eine Möglichkeit, fragen die Dramen, das Abgleiten in eine gesetzlose Willkürherrschaft aufzuhalten, bevor es zu spät ist, irgendein wirksames Mittel, um die gesellschaftliche Katastrophe abzuwenden, die Tyrannei unabdingbar mit sich bringt?

Der Dramatiker bezichtigte Englands Herrscherin Elisabeth I. nicht der Tyrannei. Ganz gleich, was Shakespeare insgeheim wohl dachte – es wäre Selbstmord gewesen, so etwas auf der Bühne anzudeuten. Seit 1534, unter der Regierung ihres Vaters Heinrichs VIII., erklärte ein Gesetz es zum Hochverrat, den Herrscher als Tyrannen zu bezeichnen.[2] Die Strafe für solch ein Verbrechen war der Tod.

In Shakespeares England gab es keine freie Meinungsäußerung, weder auf der Bühne noch sonst irgendwo. Die Aufführungen eines angeblich umstürzlerischen Stücks mit dem Titel *Die Hundeinsel* brachte den Dramatiker Ben Jonson 1597 ins Gefängnis und zog einen – zum Glück nicht ausgeführten – Befehl der Regierung nach sich, alle Londoner Theater niederzureißen.[3] Spitzel besuchten die Aufführungen in der Hoffnung, den Behörden etwas als subversiv Deutbares anzeigen zu können, um eine Belohnung dafür zu kassieren. Besonders riskant waren Versuche, sich kritisch zu aktuellen Ereignissen oder prominenten Persönlichkeiten zu äußern.

Wie in modernen totalitären Regimen entwickelten die Menschen Techniken der verschlüsselten Rede, mit denen sie mehr oder weniger indirekt über das sprechen konnten, was sie am meisten bewegte. Doch Shakespeares Vorliebe für die Verschiebung von Zeit und Ort war nicht allein durch Vorsicht motiviert. Er scheint gespürt zu haben, dass er klarer über die Fragen nachdachte, die seine Welt bewegten, wenn er sie nicht direkt anging, sondern eine verborgene Perspektive wählte. Seine Stücke legen nahe, dass er der Wahrheit durch den Kunstgriff der Fiktion oder der historischen Distanz gerecht werden konnte, ohne daran zugrunde zu gehen. Darum faszinierten ihn der legendäre römische Feldherr Gaius Marcius Coriolanus oder der historische Julius Cäsar, daher reizten ihn Figuren aus englischen und schottischen Chroniken wie York, Jack Cade, Lear und vor allem die exemplarischen Tyrannen Richard III. und Macbeth. Und daher auch zogen ihn frei erfundene Figuren an wie der sadistische Kaiser Saturninus in *Titus Andronicus*, der korrupte Statthalter

Angelo in *Maß für Maß*, der paranoide König Leontes im *Wintermärchen*.

Shakespeares Popularität lässt darauf schließen, dass viele seiner Zeitgenossen dasselbe empfanden. Befreit von den aktuellen Umständen sowie den endlos wiederholten Floskeln über Patriotismus und Gehorsam, konnte das, was er schrieb, schonungslos ehrlich sein. Der Dramatiker blieb seinem Ort und seiner Zeit verbunden, war aber nicht ihr bloßer Sklave. Was zum Verzweifeln unklar schien, das wurde nun in aller Schärfe deutlich, und er brauchte nicht über das zu schweigen, was er sah.

Shakespeare verstand auch etwas, das in der heutigen Zeit zutage tritt, wenn ein bedeutendes Ereignis – das Ende der Sowjetunion, der Zusammenbruch des Immobilienmarktes, ein verblüffendes Wahlergebnis – ein grelles Licht auf eine beunruhigende Tatsache wirft: Selbst jene, die zum innersten Zentrum der Macht gehören, haben oft keine Ahnung, was geschehen wird. Obwohl sich auf ihren Schreibtischen Berichte, Hochrechnungen und Prognosen türmen, obwohl sie ein kostspieliges Netzwerk von Spionen und Experten unterhalten, tappen sie fast völlig im Dunkeln. Am Rande stehend, hegt man den Traum, wenn man nur nahe genug an diese oder jene Schlüsselfigur herankäme, dann wüsste man, was wirklich vor sich geht und was zu tun wäre, um sich selbst oder sein Land zu retten. Doch dieser Traum ist eine Illusion.

Zu Beginn eines seiner Historiendramen führt Shakespeare die Figur des Gerüchts ein. Ihr Kostüm ist »mit Zungen bemalt«, und ihre Aufgabe besteht darin, unablässig durch »Argwohn, Misstrauen, Mutmaßung« (*2 Heinrich IV.*, Einführung, 16) aufgeblasene Geschichten in Umlauf zu bringen.[4] Die Wirkungen sind schmerzhaft offenkundig – fatal fehlgedeutete Zeichen, trügerischer Trost, blinder Alarm, plötzliche Umschwünge von wilder Hoffnung zu abgrundtiefer Verzweiflung. Und am meisten getäuscht sind nicht die Angehörigen der breiten Masse, sondern eher jene, die über Privilegien und Macht verfügen.

Für Shakespeare war es also leichter, klar zu denken, wenn das Geräusch dieser schwatzenden Zungen verebbte, und leichter, die Wahrheit aus einem strategischen Abstand zur Gegenwart zu sagen. Die verborgene Perspektive erlaubte es ihm, falsche Annahmen, altehrwürdige Überzeugungen und Glaubensirrungen beiseitezuschieben und unbeirrt das in den Blick zu nehmen, was darunter lag. Darum sein Interesse für die Welt der Antike, wo christliche Frömmigkeit und monarchische Rhetorik keinen Platz haben; seine Faszination für das vorchristliche England von *König Lear* oder *Cymbeline*; seine Auseinandersetzung mit dem gewalttätigen Schottland des 11. Jahrhunderts in *Macbeth*. Und selbst wenn er seiner eigenen Welt näher kam, in der bemerkenswerten Folge von Historiendramen von der Herrschaft Richards II. im 14. Jahrhundert bis zum Sturz Richards III., blieb Shakespeare mindestens ein Jahrhundert von den dargestellten Ereignissen entfernt.

Als er schrieb, regierte Elisabeth I. schon seit mehr als dreißig Jahren. Mochte sie bisweilen reizbar, schwierig und herrschsüchtig sein, so zweifelte doch im Allgemeinen niemand an ihrem grundsätzlichen Respekt vor der Unantastbarkeit der politischen Institutionen des Königreichs. Selbst wer für eine aggressivere Außenpolitik plädierte oder forderte, härter gegen innere Feinde vorzugehen, als sie erlauben wollte, anerkannte für gewöhnlich ihren klugen Sinn für die Grenzen ihrer Macht. Es ist höchst unwahrscheinlich, dass Shakespeare, selbst in seinen innersten Gedanken, in ihr eine Tyrannin sah. Doch wie seine Mitbürger hatte er allen Grund zur Sorge über das, was kommen würde. 1593 feierte die Königin ihren sechzigsten Geburtstag. Obwohl unverheiratet und kinderlos, weigerte sie sich beharrlich, einen Nachfolger zu benennen. Glaubte sie, sie werde ewig leben?

Für mit Vorstellungskraft begabte Menschen gab es noch mehr Grund zur Sorge als das stete Verrinnen der Zeit. Man fürchtete, das Königreich sei durch einen unerbittlichen Feind bedroht, eine skrupellose internationale Verschwörung, deren Führer im Ausland fanatische Geheimagenten ausbildeten und losschickten, um Terror zu verbreiten. Diese Agenten waren überzeugt, Menschen zu töten, die als Irrgläubige galten, sei keine Sünde, vielmehr täten sie dadurch Gottes Werk. In Frankreich, den Niederlanden und anderswo hatten sie bereits Attentate, Massengewalt und Massaker zu verantworten. Ihr unmittelbares Ziel in England war die Ermordung der Königin, die Krönung eines Sympathisanten ihres Glaubens und die Unterwerfung des Landes unter ihre verzerrte Form der Frömmigkeit. Ihr oberstes Ziel war die Weltherrschaft.

Die Terroristen auszumachen fiel nicht leicht, denn die meisten von ihnen waren im Land aufgewachsen. Nachdem sie radikalisiert, in ausländische Trainingslager gelockt und dann zurück nach England geschleust worden waren, fielen sie in der Masse gewöhnlicher, loyaler Untertanen nicht auf. Diese wiederum sträubten sich verständlicherweise, die eigenen Verwandten anzuzeigen, selbst wenn der Verdacht bestand, dass sie gefährliche Ansichten hegten. Die Extremisten bildeten Zellen, beteten heimlich zusammen, tauschten verschlüsselte Botschaften aus und versuchten mögliche Anhänger zu rekrutieren, bevorzugt unter den unzufriedenen, labilen Jugendlichen, die von Gewalt und Märtyrertod träumten. Einige von ihnen standen in geheimer Verbindung mit Vertretern ausländischer Regierungen, die dunkle Andeutungen machten über Invasionsflotten und die Unterstützung für bewaffnete Aufstände.

Die englischen Spionagedienste waren sich der Gefahr sehr bewusst. Sie schleusten Maulwürfe in die Ausbildungslager ein, lasen systematisch Briefe mit, belauschten Gespräche in Gasthäusern und Kneipen und überwachten sorgfältig Häfen und Grenzübergänge. Doch es war schwierig, die Gefahr zu bannen, selbst wenn es den Behörden gelang, einen oder mehrere Terrorverdächtige festzunehmen und unter Eid zu verhören. Schließlich waren dies Fanatiker, denen ihre religiösen Führer erlaubt hatten, sich zu verstellen, und die in der Technik der sogenannten Äquivokation geschult waren, einer Methode des Irreführens, ohne im formalen Sinn zu lügen.

Selbst wenn die Verdächtigen beim Verhör gefoltert wurden, was regelmäßig geschah, waren sie oft kaum zu brechen. Einem Bericht an den Geheimdienstchef der Königin zufolge blieb der Extremist, der 1584 Wilhelm von Oranien ermordete – der Erste, der je ein Staatsoberhaupt mit einer Schusswaffe tötete –, auf unheimliche Weise verstockt:

> Am selben Abend wurde er mit Tauen geschlagen und sein Fleisch mit gespaltenen Federkielen gestochen, wonach man ihn in einen Salzwasserbottich tunkte und ihm Essig und Branntwein in die Kehle goss; doch ungeachtet dieser Qualen gab es kein Zeichen von Verzweiflung oder Reue, sondern er sagte im Gegenteil, er habe eine Gott wohlgefällige Tat vollbracht.[5]

»Eine Gott wohlgefällige Tat« – diese Menschen waren einer Gehirnwäsche unterzogen worden und glaubten, sie würden im Himmel für ihren Verrat und ihre Gewalttaten belohnt.

Die Bedrohung, um die es hier geht, war für die eifrigen Protestanten im England des späten 16. Jahrhunderts der römisch-katholische Terrorismus. Zum großen Ärger der engsten Ratgeber der Königin scheute Elisabeth sich, die Drohung beim Namen zu nennen und die Maßnahmen zu ergreifen, die sie für nötig hielten. Sie wollte keinen kostspieligen und blutigen Krieg mit mächtigen katholischen Staaten provozieren oder eine ganze Religion mit den Verbrechen einiger Fanatiker identifizieren. Da sie es ablehnte, wie ihr Spionagechef Francis Walsingham sich ausdrückte, »Fenster in die Herzen der Menschen zu machen und ihre geheimen Gedanken zu erkunden«,[6] erlaubte sie ihren Untertanen viele Jahre lang, den katholischen Glauben stillschweigend zu behalten, sofern sie sich nach außen hin der offiziellen Staatsreligion gemäß verhielten. Und trotz heftigen Drängens weigerte sie sich wiederholt, die Hinrichtung ihrer katholischen Cousine und Königin von Schottland, Maria Stuart, zu erlauben.

Nach ihrer Vertreibung aus Schottland wurde Maria ohne

Anklage oder Prozess in einer Art »Schutzhaft« im Norden Englands festgehalten. Da sie einen starken Erbanspruch auf den englischen Thron hatte – manche hielten ihn für stärker als den Elisabeths –, lag es nahe, dass sich die Ränke der katholischen Mächte in Europa und die überhitzten Tagträume und gefährlichen Verschwörungen katholischer Extremisten im Inland auf sie konzentrierten. Maria selbst war tollkühn genug, finstere Pläne zu ihren Gunsten zu billigen.

Für den Drahtzieher dieser Pläne hielt man allgemein niemand anderen als den Papst in Rom. Seine Spezialeinheiten waren die ihm zu unbedingtem Gehorsam verpflichteten Jesuiten, seine verborgenen Legionen in England die Tausenden von »Kirchenpapisten«, die pflichtgemäß den anglikanischen Gottesdienst besuchten, aber im Herzen dem Katholizismus anhingen. Als Shakespeare erwachsen wurde, waren Gerüchte über die Jesuiten – die das Land bei Todesstrafe nicht betreten durften – und die Bedrohung, die von ihnen ausging, weit verbreitet. Ihre tatsächliche Anzahl mag gering gewesen sein, aber die Furcht und der Abscheu, die sie erregten, waren (ebenso wie die heimliche Bewunderung in manchen Kreisen) beträchtlich.

Es ist unmöglich, mit einiger Sicherheit zu sagen, wo Shakespeares heimliche Sympathien lagen. Er kann aber nicht neutral oder gleichgültig gewesen sein. Seine Eltern waren in eine katholische Welt hineingeboren worden, und für sie wie für die meisten ihrer Zeitgenossen überdauerten die Bindungen an diese Welt die Reformation. Es gab allen Anlass zu Wachsamkeit und Vorsicht, nicht nur wegen der harten Strafen, die von den protestantischen Behörden verhängt wurden.

Die Bedrohung, die man dem militanten Katholizismus in England zuschrieb, war keineswegs bloß eingebildet. 1570 erließ Papst Pius V. eine Bulle, in der er Elisabeth als Ketzerin und »Freveldienerin« exkommunizierte. Ihre Untertanen wurden jedes Treueschwurs entbunden, den sie geleistet haben mochten, ja sogar feierlich zum Ungehorsam aufgefordert. Ein Jahrzehnt später gab Gregor XIII. zu verstehen, es sei keine Todsünde, die Königin von England zu ermorden. Im Gegenteil bestehe, wie der Staatssekretär des Papstes im Namen seines Herrn erklärte, »kein Zweifel, dass, wer immer sie in der frommen Absicht, Gott zu dienen, aus der Welt schafft, nicht nur nicht sündigt, sondern sich ein Verdienst erwirbt«.[7]

Diese Erklärung war ein Mordaufruf. Obwohl die meisten englischen Katholiken mit solchen Gewalttaten nichts zu tun haben wollten, setzten es sich einige von ihnen in den Kopf, das Land von seiner ketzerischen Monarchin zu befreien. 1583 deckte das Spionagenetzwerk der Regierung ein Mordkomplott gegen die Königin unter Beteiligung des spanischen Botschafters auf. In den folgenden Jahren gab es immer wieder ähnliche Geschichten von gerade noch abgewehrten Gefahren: abgefangene Briefe, beschlagnahmte Waffen, festgenommene katholische Priester. Von misstrauischen Nachbarn alarmiert, stürmten Beamte Häuser auf dem Land, die als Unterschlupf dienten, zerschlugen Schränke, klopften die Wände nach verräterischen Hohlräumen ab und rissen Fußböden auf, um sogenannte »Priesterlöcher« aufzuspüren. Doch Elisabeth unternahm immer noch nichts gegen die Bedrohung durch Maria. »Gott öffne Ihrer Majestät die Augen«, betete Walsingham, »auf dass sie die Gefahr erkenne.«[8]

Der innere Kreis um die Königin vollzog einen höchst ungewöhnlichen Schritt: Man gründete einen Bund (»Bond of Association«), dessen Unterzeichner sich verpflichteten, nicht nur an jedem Rache zu nehmen, der einen Anschlag auf die Königin verübte, sondern auch an jedem, der Ansprüche auf den Thron erheben mochte – Maria war das offensichtliche Ziel – und zu dessen Unterstützung ein solcher Anschlag diente, ob erfolgreich oder nicht.

1586 bekamen Walsinghams Spione Wind von einem weiteren Komplott, an dem diesmal ein wohlhabender katholischer Edelmann namens Anthony Babington beteiligt war. Mit einer Gruppe gleichgesinnter Freunde war er zu der Überzeugung gelangt, es sei moralisch vertretbar, die »Tyrannin« zu ermorden. Mit Hilfe von Doppelagenten, die der Gruppe angehörten und ihre geheimen Botschaften entschlüsselten, beobachteten die Behörden, wie sich die Verschwörung allmählich entwickelte. Als Babington kalte Füße bekam, wurde er sogar von einem Agent Provocateur Walsinghams ermuntert. Die Strategie der protestantischen Hardliner zahlte sich aus. Im Netz verfingen sich nicht nur vierzehn Verschwörer, die wegen Hochverrats verurteilt und dann gehängt, ausgeweidet und gevierteilt wurden, sondern auch die leichtsinnige, verschlagene Maria.

Wie die Erschießung Osama bin Ladens 2011, beendete die Enthauptung Maria Stuarts am 8. Februar 1587 nicht die terroristische Gefahr in England; auch mit der Niederlage der spanischen Armada im folgenden Jahr war sie nicht gebannt. Wenn überhaupt, verdüsterte die Stimmung sich sogar. Eine erneute Invasion schien bevorzustehen. Die Spione der Regierung arbeiteten weiter; katholische Priester sickerten weiter nach England ein und kümmerten sich um ihre immer verzweifelteren und bedrängteren Gemeinden; wilde Gerüchte machten weiter die Runde. 1591 musste ein Tagelöhner am Pranger stehen, weil er gesagt hatte: »Wir werden keine fröhliche Welt mehr haben, solange die Königin lebt.« Ein anderer erhielt eine ähnliche Strafe für die Äußerung: »Das ist keine gute Regierung, unter der wir jetzt leben … wenn die Königin stirbt, wird es einen Wandel geben, und alle Anhänger der jetzigen Religion werden rausgeworfen.«[9] Beim Hochverratsprozess gegen Sir John Perrot war 1592 der Vorwurf, er habe die Königin »eine niedrige, uneheliche Küchenmagd« genannt, ein wichtiger Anklagepunkt. In der Star Chamber (praktisch dem Obersten Gericht) beklagte sich der Lordsiegelbewahrer über die »offen lästerlichen Reden [und] falschen, lügnerischen, verräterischen Verleumdungen«, die in London zirkulierten.[10]

Auch wenn lockere Sprüche, die an Hochverrat grenzten, sich noch irgendwie mit einem Schulterzucken abtun ließen, war da immer noch die Sorge um die Thronnachfolge. Die leuchtend rote Perücke der Königin und ihre extravaganten, juwelenbesetzten Roben konnten nicht verbergen, dass die Jahre ins Land gingen. Sie hatte Arthritis, verlor den Appetit und begann sich beim Treppensteigen auf einen Stock zu stützen. Sie war, wie ihr Höfling Sir Walter Raleigh es diskret ausdrückte, »eine Dame, die von der Zeit überrascht wurde«. Dennoch benannte sie keinen Nachfolger.

Im spätelisabethanischen England wusste man sehr gut, wie zerbrechlich die Ordnung der Dinge war. Die Unruhe beschränkte sich nicht auf eine kleine protestantische Elite, die ihre Vorherrschaft sichern wollte. Bedrängte Katholiken hatten seit Jahren geäußert, die Königin sei von machiavellistischen Politikern umgeben, die ständig versuchten, die Interessen der eigenen Fraktion zu stärken, paranoide Ängste vor katholischen Verschwörungen schürten und nur darauf warteten, selbst als Tyrannen die Macht zu ergreifen. Enttäuschte Puritaner richteten ähnliche Ängste auf einen vergleichbaren Personenkreis. Jeder, dem die religiöse Ordnung des Landes, die Verteilung des Wohlstands, die auswärtigen Beziehungen, die Möglichkeit eines Bürgerkriegs Sorgen bereitete – also jeder, der in den 1590er-Jahren mit offenen Augen am Leben teilnahm –, muss über die Gesundheit der Königin gegrübelt und über rivalisierende Favoriten und Ratgeber am Hof geredet haben, die drohende spanische Invasion, die geheime Anwesenheit der Jesuiten, die Agitation der Puritaner (damals Brownisten genannt) und andere Gründe zur Sorge.

Das meiste davon konnte selbstverständlich nur geflüstert werden, aber so ging es immer und immer weiter, auf stets die gleiche, obsessive Weise, wie sie politischen Diskussionen nun mal eigen ist. Shakespeare zeigt wiederholt Nebenfiguren – etwa die Gärtner in *Richard II.*, namenlose Londoner in *Richard III.*, Soldaten am Vorabend der Schlacht in *Heinrich V.*, hungernde Plebejer in *Coriolan*, zynische Untergebene in *Antonius und Kleopatra* –, die Gerüchte weitergeben und Staatsangelegenheiten diskutieren. Solche Reflexionen der kleinen Leute über »die da oben« erzürnten die Elite: »Los, schafft euch heim, ihr Brösel!«, schnauzt ein Adliger eine Gruppe von Aufrührern an (*Coriolan*, I, 1, 218). Doch die »Brösel« (»fragments«) ließen sich nicht zum Schweigen bringen.

Keine der großen oder kleinen Fragen, die Englands nationale Sicherheit betrafen, durfte direkt auf die Bühne gebracht werden. Die Schauspielertruppen, die in London florierten, suchten fieberhaft nach aufregenden Geschichten und hätten liebend gern das Publikum mit so etwas wie der Fernsehserie *Homeland* ins Theater gezogen. Doch das elisabethanische Theater wurde zensiert, und auch wenn der Zensor manchmal nachlässig sein konnte, er hätte es nie erlaubt, Geschichten zu inszenieren, in denen eine Bedrohung für die Herrschaft der Königin gezeigt wurde, geschweige denn eine direkte Darstellung von Personen wie Maria Stuart, Anthony Babington oder Elisabeth selbst.[11]

Zensur erzeugt unweigerlich Ausweichstrategien. Wie Midas' Ehefrau spüren Menschen den Drang, über das zu sprechen, was sie zutiefst beunruhigt, und sei es auch nur gegenüber Wind und Schilfrohr. Rivalisierende Theatertruppen hatten einen starken wirtschaftlichen Anreiz, diesem Drang gerecht zu werden. Sie entdeckten, dass sie dies konnten, indem sie als Schauplatz abgelegene Orte wählten oder Begebenheiten aus einer fernen Vergangenheit präsentierten. In seltenen Fällen fand der Zensor die Parallelen zu offensichtlich oder forderte einen Nachweis, dass historische Ereignisse korrekt wiedergegeben wurden, meist aber drückte er ein Auge zu. Vielleicht erkannten die Behörden, dass irgendein Sicherheitsventil nötig war.

Shakespeare war der unübertroffene Meister darin, die Verschiebungen von Ort und Zeit zu nutzen und strategische Umwege einzuschlagen. Er schrieb nie sogenannte Stadtkomödien, die im zeitgenössischen England angesiedelt waren, und hielt bis auf ganz seltene Ausnahmen sicheren Abstand zum Tagesgeschehen. Er bevorzugte Geschichten, die sich an Orten wie Ephesos, Tyros, Illyrien, Sizilien, Böhmen oder auf einer geheimnisvollen namenlosen Insel in einem fernen Meer entfalten. Wenn er sich mit heiklen historischen Ereignissen befasste – Nachfolgekrisen, korrupten Wahlen, Mordanschlägen, dem Aufstieg von Tyrannen –, trugen sich diese im antiken Griechenland oder Rom zu, im prähistorischen England oder zumindest im England seiner Ur-Urgroßeltern. Er nahm sich die Freiheit, das Material, das er den Chroniken entnahm, zu verändern und umzustellen, um zwingendere und pioniertere Geschichten zu schaffen, aber er arbeitete mit identifizierbaren Quellen, die er zu seiner Verteidigung zitieren konnte, falls das die Behörden wünschten. Er war verständlicherweise nicht gewillt, ins Gefängnis zu wandern oder sich die Nase abschneiden zu lassen.

Von dieser lebenslangen Strategie des Umwegs gibt es nur eine bemerkenswerte Ausnahme. Das 1599 geschriebene Stück *Heinrich V.* stellt den spektakulären, fast zwei Jahrhunderte zurückliegenden Sieg einer englischen Invasionsarmee in Frankreich dar. Gegen Ende fordert ein Chor die Zuschauer auf, sich den glorreichen Empfang des Königs bei der Rückkehr in seine Hauptstadt vorzustellen: »Doch jetzt, jetzt seht/In der Gedanken schneller Schmiedewerkstatt,/ Wie London seine Einwohner verströmt!« (V, 0, 22-24). Und gleich nach diesem Bild einer Feier in der Vergangenheit der Nation beschwört der Chor eine vergleichbare Szene herauf, der er in naher Zukunft beizuwohnen hofft:

Als käm der Feldherr unsrer Königin,
Wie er's demnächst wohl tut, von Irland heim
Und brächt den Aufstand auf sein Schwert gespießt:
Wie viele liefen aus dem ruhigen London los,
Ihn zu begrüßen! (V, 0, 30-34)

Der »Feldherr«, um den es hier geht, war der Favorit der Königin, der Graf von Essex, der zu diesem Zeitpunkt englische Truppen gegen irische Aufständische unter Hugh O'Neill, dem Grafen von Tyrone, führte.

Es ist nicht klar, warum Shakespeare beschloss, sich direkt auf ein zeitgenössisches Ereignis zu beziehen – und eines, von dem man nur erhoffen konnte, dass es sich »demnächst« zutragen werde.[12] Vielleicht wurde der Dramatiker von seinem Gönner gedrängt, dem mächtigen Grafen von Southampton, dem Shakespeare die Gedichte *Venus und Adonis* und *Die Schändung der Lukrezia* gewidmet hatte. Essex' enger Freund und politischer Verbündeter Southampton wusste, dass sein prahlerischer und verschuldeter Freund nach öffentlichem Beifall gierte, und das Theater war der perfekte Ort, um die Massen zu erreichen. Vielleicht deutete er also gegenüber dem Dramatiker an, dass er eine patriotische Vorwegnahme des bevorstehenden Triumphs des Feldherrn sehr begrüßen würde. Das abzulehnen wäre Shakespeare schwergefallen.

Kurz nach der Uraufführung von *Heinrich V.* kehrte der dickschädlige Essex tatsächlich nach London zurück, aber nicht mit dem Kopf von Hugh O'Neill. Angesichts des totalen Scheiterns seines Feldzugs hatte er aufgegeben und Irland verlassen. Die Königin hatte ihm zwar ausdrücklich befohlen, dort zu bleiben, er aber war entschlossen heimzukehren.

Nun setzt eine Abfolge von Ereignissen ein, die rasch zu einer Krise im Zentrum des Regimes führen. Essex' überstürzte und unerwünschte Rückkehr – noch schlammbespritzt eilte er zur Königin, warf sich ihr zu Füßen und schimpfte wild auf die, die ihn hassten – war für seine wichtigsten Feinde am Hof, Elisabeths ersten Minister Robert Cecil und ihren Favoriten Walter Raleigh, die lang ersehnte Gelegenheit. Immer aufgewühlter musste der Graf mit ansehen, wie ihm die Gunst der Königin entglitt. Von jeher hatte er sich nur schwer in der Gewalt gehabt, nun machte er den tödlichen Fehler, im Zorn zu sagen, die Königin sei »alt und bösartig« geworden und ihr Geist »so krumm wie ihr Gerippe«.[13]

Eine Hofkultur bringt zwangsläufig heftig rivalisierende Fraktionen hervor, und Elisabeth hatte es jahrelang meisterhaft verstanden, die eine gegen die andere auszuspielen. Doch mit ihrer zunehmenden Altersschwäche verschärften sich die alten Feindschaften und wurden mörderisch. Als der Kronrat Essex zu einer Sitzung vorlud, um über Staatsgeschäfte zu beraten, weigerte er sich zu erscheinen und begründete dies damit, er solle auf Raleighs Befehl ermordet werden. Furcht und Abscheu in Verbindung mit der wahnhaften Zuversicht, die Londoner Bevölkerung werde sich erheben, um ihn zu unterstützen, trieben Essex schließlich dazu, einen bewaffneten Aufstand gegen die Ratgeber der Königin anzuzetteln und vielleicht sogar gegen sie selbst. Der Aufstand scheiterte jämmerlich. Essex und seine Hauptverbündeten, darunter der Graf von Southampton, wurden verhaftet.

Raleigh drängte Cecil, der die offizielle Untersuchung führte, sich diese Gelegenheit zur endgültigen Vernichtung ihres Feindes nicht entgehen zu lassen; er schrieb an Cecil: »Sofern Ihr gegenüber diesem Tyrannen Milde zeigt, werdet Ihr es bereuen, wenn es zu spät ist.«[14]

»Tyrann« ist hier mehr als eine zufällige Beleidigung. Sollte Essex seine frühere Machtstellung wiedererlangen, gibt Raleigh damit zu verstehen, wäre er angesichts des fortgeschrittenen Alters der Königin in der Lage, das Land zu beherrschen, und würde sich bestimmt nicht mit juristischen Feinheiten aufhalten. Er wäre darauf erpicht, seine Rivalen loszuwerden – und zwar nicht, indem er sie höflich bittet, sich zurückzuziehen. Er würde das tun, was Tyrannen tun.

Nachdem Cecil seine Untersuchung abgeschlossen hatte, wurden Essex und Southampton vor Gericht gestellt, des Hochverrats für schuldig befunden und zum Tode verurteilt. Southamptons Strafe wurde in lebenslängliche Haft umgewandelt, aber für den einstigen Favoriten der Königin gab es keine Gnade. Am 25. Februar 1601 wurde Essex hingerichtet. Die Regierung achtete darauf, dass das zerknirschte Geständnis, das er angeblich auf dem Schafott ablegte – er habe den verräterischen Aufstand geplant und werde nun »gerechterweise vom Reich ausgespien« –, nach seinem Tod gedruckt wurde.

Es war töricht von Shakespeare gewesen, sich auch nur in die Nähe dieser bösartigen Kämpfe zu begeben. Der untypisch zeitgenössische Bezug auf den »Feldherrn« in *Heinrich V.* hat offenbar keine offizielle Reaktion nach sich gezogen, hätte ihm jedoch leicht zum Verhängnis werden können. Am Samstag, dem 7. Februar 1601, dem Tag vor dem Putschversuch, hatten sich nämlich einige von Essex' wichtigsten Unterstützern, darunter sein Verwalter Sir Gelly Meyrick, nachmittags über die Themse rudern lassen, um das Globe-

Theater zu besuchen. Wenige Tage zuvor hatten Meyricks Bundesgenossen die dortige Schauspielertruppe, die Lord Chamberlain's Servants, ersucht, ein früheres Shakespeare-Stück zu spielen, ein Stück über »die Absetzung und Ermordung von König Richard II.«. Die Schauspieler lehnten ab; *Richard II.* sei ein altes Stück und werde wohl kaum ein großes Publikum anziehen. Ihr Einwand wurde durch das Angebot von 40 Schilling zusätzlich zum üblichen Honorar von 10 Pfund für eine Sondervorstellung entkräftet.

Warum aber wollten Gelly Meyrick und die anderen unbedingt *Richard II.* aufgeführt sehen? Sie folgten keiner spontanen Laune; in einem entscheidenden Augenblick, als sie wussten, dass es um Leben und Tod ging, kostete es sie Planung, Zeit und Geld. Sie hinterließen kein Zeugnis über ihre Gründe, erinnerten sich aber vermutlich, dass Shakespeares Stück den Sturz eines Monarchen und seiner Kamarilla schilderte. »Ich hab viel Zeit vertan, nun vertut mich die Zeit« (V, 5, 49), klagt der dem Untergang geweihte König, nachdem seine gierigen Ratgeber (»Maden, die am Allgemeinwohl fressen«, nennt der Usurpator sie) das Schicksal gefunden haben, das Essex Cecil und Raleigh zugedacht hatte.

In *Richard II.* werden nicht nur die Ratgeber des Königs vom Usurpator getötet, sondern auch der König selbst. Der Usurpator Bolingbroke erklärt niemals direkt, er wolle den regierenden Monarchen stürzen, geschweige denn ermorden. Wie Essex eifert er gegen die Korruption des inneren Kreises um den Herrscher und betont dabei vor allem die Ungerechtigkeit, die ihm selbst widerfahren sei. Nachdem er aber Richards Abdankung und Kerkerhaft eingefädelt hat und als Heinrich IV. zum König gekrönt wurde, unternimmt er den entscheidenden letzten Schritt mit raffinierter Vagheit – einer Vagheit, die das ermöglicht, was Politiker »Bestreitbarkeit« nennen. Passenderweise stellt Shakespeare diesen Schritt nicht direkt dar. Stattdessen zeigt er einfach jemanden, der darüber nachdenkt, was er den König hat sagen hören:

> Exton: Hast nicht bemerkt, was da der König sprach?
> »Hab ich denn keinen Freund, der mich befreit
> Von dieser so lebendig drohnden Furcht?«
> War das nicht so?
> Diener: Genau das warn die Worte.
> Exton: »Hab ich denn keinen Freund?«, sagt er.
> So sagt er zweimal,
> Und zweimal sehr betont, war das nicht so?
> Diener: Ganz so.
> Exton: Und sah mich, wie er's sagte, an – vielsagend,
> Als sollt es heißen: »Wärst du doch der Mann,
> Der mir die Angst von meinem Herzen nimmt!«
> In Pomfret dort der König war gemeint.
> Komm, ich als Königs Freund befreie ihn vom Feind.
> (V, 4, 1-11)

Das ist die gesamte Szene. Sie dauert nur einen Moment, reicht aber aus, um ein ganzes Ethos der Machtpraxis heraufzubeschwören. Kein förmliches juristisches Verfahren wird gegen den abgesetzten König angestrengt, es bedarf nur eines bedeutungsvollen Winks, sorgfältig wiederholt und in Verbindung mit Blicken, die bewusst (»vielsagend«) auf jemanden gerichtet sind, der die Bedeutung wohl verstehen wird.

Es gibt in einem neuen Regime immer Menschen, die alles tun, um die Gunst des Herrschers zu gewinnen. Exton, wie Shakespeare ihn zeichnet, ist ein Niemand; dies ist das erste Mal, dass wir ihn sehen oder von ihm hören. Er will des »Königs Freund« werden. »Auf geht's«, sagt er zu seinen Handlangern, und unverzüglich wird Richard ermordet (V, 4, 11). Wie unschwer vorauszusehen, wird Exton aber, als er seinen Lohn abholen will – »Deine begrabne Furcht, mein König, bring/Ich dir in diesem Sarg« –, zurückgewiesen: »Tot wollte ich ihn sicherlich,/Jedoch den Töter hass, den Toten liebe ich« (V, 6, 30-40). »Den Toten liebe ich«: Mit dieser köstlich bitteren Ironie endet das Stück.

Gelly Meyrick und seine Mitverschwörer griffen sicher nicht auf Shakespeares Drama zurück, um ihm eine Anleitung für ihr Handeln zu entnehmen. Sie mussten begriffen haben, dass die Umstände, die der Autor schilderte, sich nicht einfach mit den ihren deckten; sie hätten sich auf jeden Fall nicht in die Karten schauen lassen wollen. Und für einen modernen Leser scheint die Erforschung des Innenlebens des gestürzten Monarchen in dieser Tragödie sehr weit von einem Propagandastück entfernt, das die Menge zum Aufstand reizen soll.

Dennoch muss der Schlüssel bei der Menge liegen. Sondervorstellungen fanden oft an privaten Spielstätten vor ausgesuchtem Publikum statt, doch die Lord Chamberlain's Servants erhielten Geld dafür, *Richard II.* in einem großen Freilufttheater wiederaufzuführen, vor Zuschauern, von denen die meisten einen Penny für den Stehplatz zahlten. Essex hatte stets die Londoner Menge hofiert und auf ihre Unterstützung gezählt, jenes gemeine Volk, das Shakespeare seine

Zuschauer bittet, sich vorzustellen, wie es dem triumphierend aus Irland zurückkehrenden Feldherrn ebenso zujubelt wie dem siegreich aus Frankreich zurückkehrenden Heinrich V. Es war nicht so gekommen, aber die Verschwörer müssen geglaubt haben, mit *Richard II.* lasse sich etwas gewinnen, indem man nämlich einem großen Publikum (und vielleicht auch sich selbst) einen erfolgreichen Putsch vorspielte. Vielleicht wollten sie einfach das vorstellbar machen, was sie sich vorgenommen hatten umzusetzen.[15]

Seit 1352 erklärte ein Gesetz es zum Hochverrat, den Tod des Königs, der Königin oder der obersten Beamten »zu ersinnen oder vorzustellen«.[16] Der Gebrauch des mehrdeutigen Begriffs »vorstellen« gab der Regierung freie Hand bei der Entscheidung, wen sie verfolgen solle, und sicherlich bewegte sich die Aufführung von *Richard II.* im Globe-Theater auf sehr dünnem Eis. Schließlich setzte Shakespeares Stück das Spektakel der Absetzung und Ermordung eines gekrönten Königs für ein Massenpublikum in Szene, dazu die standrechtliche Tötung der höchsten königlichen Ratgeber. Doch die geschilderten Ereignisse fanden in der englischen Vergangenheit statt, und durch eine stillschweigende Übereinkunft bot ein solcher Zeitabstand eine gewisse Immunität, sodass Handlungen, die in einem zeitgenössischen Rahmen sofort den Zorn des Zensors erregt und vielleicht zu einem Gerichtsverfahren geführt hätten, sich ohne großes Risiko für den Dramatiker und sein Ensemble präsentieren ließen.

Dennoch stellte die von Meyrick arrangierte Aufführung die stillschweigende Übereinkunft infrage, das Bühnengeschehen sei – solange es sich vom Tagesgeschehen fernhielt – nur ein Spiel und daher unbedeutend. Ganz im Gegenteil:

Offensichtlich hielten die Verschwörer um Essex es für strategisch nützlich, dass Shakespeares Tragödie über Englands mittelalterliche Vergangenheit entstaubt und im Globe gezeigt wurde.

Es lässt sich unmöglich sagen, was Meyrick dachte, als er an diesem Nachmittag *Richard II.* sah; wir wissen aber, dass zumindest eine Person damals die Bedeutung des Stücks erfasste. Sechs Monate nach Essex' Hinrichtung gewährte Königin Elisabeth William Lambarde, den sie kurz zuvor zum Bewahrer der Schriftrollen und der Unterlagen im Tower ernannt hatte, eine gnädige Audienz. Der gelehrte Archivar ging pflichtbewusst die Listen der Dokumente einer Regierungszeit nach der anderen durch, die er für die Königin vorbereitet hatte. Als er zur Regierungszeit Richards II. kam, sagte Elisabeth plötzlich: »*Ich* bin Richard II., wisst Ihr das nicht?«[17] Wenn ihr Ton eine Spur zorniger Anspannung verriet, dann vielleicht, weil der Gelehrte ausschließlich auf die Vergangenheit zu blicken schien, während sie selbst, wie alle anderen auch, über die dunklen Parallelen zwischen dem Geschehen im 14. Jahrhundert und Essex' Putschversuch sinnierte. Geistesgegenwärtig verstand Lambarde rasch, dass der Schlüsselpunkt die »Vorstellung« vom Tod des Monarchen war. »Eine so üble Vorstellungskraft«, sagte er zur Königin, »gehört einem höchst böswilligen Edelmann, der es erdacht hat und ins Werk gesetzt, dem am meisten geschmückten Geschöpf, das Eure Majestät je schuf.« Übertreibend erwiderte Elisabeth: »Diese Tragödie wurde vierzigmal auf offener Straße und in den Häusern gespielt.« Es ist das Theater – Shakespeares Theater –, das den Schlüssel zum Verständnis der gegenwärtigen Krise bot.

Shakespeares direkte Anspielung auf den Grafen von Essex in *Heinrich V.* lenkte die Aufmerksamkeit auf eindringliche politische Reflexionen in seinen Stücken, die besser im Dunkeln blieben. Die Königin, die häufig Vorstellungen am Hof befohlen hatte, bestrafte die Schauspieler nicht, was ihr ein Leichtes gewesen wäre – Shakespeare und sein ganzes Ensemble entgingen knapp einer Katastrophe. Nie mehr wagte der Dramatiker sich so nah an die aktuelle Politik heran.

Nach dem Putschversuch wurde die Sondervorstellung von *Richard II.* Gegenstand einer amtlichen Untersuchung. Ein Mitglied von Shakespeares Theatertruppe musste vor dem Kronrat aussagen und erklären, was die Lord Chamberlain's Servants sich dabei gedacht hätten. Seine Antwort – nur ein kleiner Nebenverdienst – wurde akzeptiert. Sir Gelly Meyrick hatte weniger Glück. Er wurde schuldig gesprochen, die Sondervorstellung arrangiert und den Aufstand auf andere Weise unterstützt zu haben, und auf dem Richtplatz gehängt, ausgeweidet und gevierteilt.

Kapitel 2

PARTEIPOLITIK

In einer sehr frühen Trilogie, die er vielleicht mit anderen Dramatikern zusammen schrieb, folgte Shakespeare dem verschlungenen Pfad von der gewöhnlichen Politik zur Tyrannei. Die drei Teile von *Heinrich VI.* gehören heute zu seinen unbekannteren Stücken, brachten ihm aber ersten Ruhm ein und zeigen nach wie vor hellsichtig, wie eine Gesellschaft reif wird für einen Despoten.

Der Ausgangspunkt ist die Schwäche im Zentrum des Reichs. König Heinrich VI. ist noch ein unerfahrener Jüngling, der durch den frühen Tod seines Vaters auf den Thron gelangt ist; die Staatsgeschäfte werden vom Lordprotektor geführt, seinem Onkel Humphrey, dem Herzog von Gloucester. Obwohl dieser sich uneigennützig dem öffentlichen Wohl verschrieben hat, ist seine Macht stark eingeschränkt, und er ist von einem Kreis gewalttätiger, egoistischer Adliger umgeben. Als sie sich beklagen, dass ihr König ein Kind ist, stellt der Protektor ihre verlogene Nostalgie bloß. In Wahrheit sei ihnen doch ein schwacher Herrscher lieber, »den ihr wie einen Schulbub schrecken könnt« (*1 Heinrich VI.*, I, 1, 36). Das Machtvakuum im Zentrum verschafft den Rivalen Raum, um zu taktieren und gegeneinander zu intrigieren.

Doch so ein parteiischer Kleinkrieg hat Folgen. Das Gemeinwohl bleibt auf der Strecke, und wie wir bald sehen, verhärten sich die Fronten – aus Widersachern werden Todfeinde.

In einem an die Gebäude der Londoner Rechtsschulen angrenzenden Garten streiten sich zwei mächtige Adlige, der Herzog von York und der Herzog von Somerset, über die Auslegung einer Rechtsfrage. Sie bitten die Zeugen ihres Streites zu entscheiden, wer von ihnen recht hat, die jedoch lehnen es klugerweise ab, sich einzumischen. Dem Stück sind die juristischen Details, um die es dabei geht, nicht zu entnehmen; vielleicht hielt Shakespeare das für letztlich nicht so wichtig. Entscheidend war die fehlende Kompromissbereitschaft, die militante Überzeugung eines jeden, dass seine und nur seine Position vertretbar sei. »Die Wahrheit steht so nackt auf meiner Seite,/Daß sie ein Kurzsichtiger finden könnt«, erklärt York, und Somerset erwidert: »Und steht auf meiner Seite so gut angekleidet,/So klar, so strahlend und so offenbar,/Daß sie selbst Blinden in die Augen glänzt« (II, 4, 20-24). Es gibt hier keine Anerkennung einer Grauzone, keine Bereitschaft einzusehen, dass es für vernünftige Menschen möglich sein könnte, verschiedener Meinung zu sein. Beide halten es für bloßen Starrsinn, nicht zuzugeben, was so unzweifelhaft »offenbar« ist.

In dieser festgefahrenen Situation zeigen sie nicht die geringste Neigung, versöhnlich aufeinander zuzugehen. Stattdessen stellt Shakespeare die Bewegung zu einem Konflikt dar, der über diese beiden Personen und ihre Anhänger hinaus zu einer viel größeren Zahl von Verbündeten reicht. »Es soll der, der als Edelmann geborn ist/Und auf der Ehre der

Geburt besteht,/Sofern er glaubt, ich trag die Wahrheit vor,/ Mit mir vom Strauch hier eine weiße Rose pflücken«, erklärt York. Somerset hält dagegen: »Es soll der, der kein Feigling ist noch Schmeichler/Vielmehr Partei zu nehmen wagt für Wahrheit,/Vom Dorn hier eine rote Rose mit mir pflücken« (II, 4, 27-33). Es ist den Umstehenden nicht länger möglich, neutral zu bleiben, wie sie es zuerst versuchten. Sie müssen sich entscheiden.

Die historischen York und Somerset waren mächtige Feudalherren mit Privatarmeen, die Teile der Insel wirksam kontrollierten. Das Stück hätte sie so zeichnen können, dass wir an die Warlords im heutigen Afghanistan erinnert würden. Stattdessen lädt es uns ein, die Erfindung politischer Parteien und die Verwandlung adliger Rivalen in politische Feinde zu beobachten. Shakespeare drückt das nicht genau so aus wie wir; es gab nichts im parlamentarischen System seiner Zeit, was den Parteistrukturen entsprach, die sich später in England und anderswo entwickelten. Dennoch zeigt er etwas seltsam Vertrautes. Die Rosen dienen als Parteiabzeichen, sie markieren zwei gegnerische Seiten. Mit merkwürdiger Plötzlichkeit schlägt der juristische Streit (worum auch immer es dabei ging) in blinde Parteinahme für weiß oder rot um.

Man kann sich durchaus vorstellen, dass politische Parteien als große Ansammlungen unterschiedlicher Menschen die Feindseligkeit ihrer Führer ablenken und Kompromissbereitschaft fördern. Hier aber geschieht das Gegenteil: Sobald die unterschiedlichen Parteizugehörigkeiten hervortreten, scheint jeder förmlich vor Wut zu explodieren. »Nun, Somerset, wo bleibt Ihr Argument?«, fragt York, worauf

Somerset antwortet, sein Argument stecke in seiner Schwertscheide, »wo es drüber nachdenkt,/Was Euch die weiße Rose blutrot umfärbt.« York ist ebenso aufgebracht: »Und diese Rose blaß und zornig,/Als Inbild meines blutdurstigen Hasses,/Will ich und die zu mir stehn ewig tragen« (II, 4, 59-61, 107-109).

Als der Graf von Warwick zu Beginn der Szene aufgefordert wird, sich für die eine oder die andere Seite zu erklären, hält er sich zurück. Er verstehe vielleicht etwas von Hunden und Falken, sagt er freundlich, aber bei so speziellen Fragen – »Rechtshaarspalterein« – habe er ein Spatzenhirn (II, 4, 17-18). Am Schluss der Szene, als die Parteien sich gebildet haben, ist seine Zurückhaltung verschwunden. Er hat die weiße Rose gepflückt, dürstet nach Blut und prophezeit:

> Heut dieser Streit,
> Der zur Entzweiung wuchs in Temple Garden,
> Soll zwischen Roter Rose und der Weißen
> Zu Tod und Todesnacht vieltausend Seelen reißen.
> (II, 4, 124-127)

Die obskure juristische Meinungsverschiedenheit hat sich nicht grundsätzlich verändert, es ist kein neuer Streitpunkt aufgetaucht, und es scheint auch keine tieferliegende Ursache wie Habgier oder Eifersucht im Spiel zu sein. Doch offenbar besitzt der Parteienhass ein Eigenleben. Plötzlich scheint jeder vor geradezu mörderischen Aggressionen überzuschäumen. Es ist, als ob, in Abwesenheit der beherrschenden Gestalt des Königs, die rein konventionellen, bedeutungslosen Embleme einen Rausch von Gruppensolidarität und -hass befördern.

Dieser Hass ist ein wichtiger Teil dessen, was zum sozialen Zusammenbruch und schließlich zur Tyrannei führt. Er macht die Stimme des Gegners, ja, den bloßen Gedanken an ihn fast unerträglich. Entweder du stehst hinter mir, oder du stellst dich mir in den Weg – wenn du nicht hinter mir stehst, hasse ich dich und will dich und all deine Anhänger vernichten. Jede Partei strebt von Natur aus nach Macht, aber dieses Streben wird hier selbst zum Ausdruck rasender Wut: Ich sehne mich nach der Macht, dich zu zerschmettern. Wut erzeugt Beleidigungen, Beleidigungen erzeugen ungeheuerliche Taten, und ungeheuerliche Taten wiederum steigern die Intensität der Raserei. So schaukelt sich das hoch und gerät außer Kontrolle.

Nicht alles bricht sofort zusammen. Es gibt immer noch eine soziale Ordnung. Herzog Humphrey steht zwar unter Druck, bleibt aber im Amt. Unterdessen wächst der Kinderkönig, dem er als Protektor dient, zu einem jungen Mann heran, der erkennt, was für ein gefährliches Problem die streitenden Parteien geschaffen haben, und offen sagt, »daß Bürgerzwist im Land ein Giftwurm ist,/Der tiefst im Innern am Gemeinwohl nagt« (III, 1, 72-73). Seine Beobachtung ist natürlich richtig, leider klingt er eher wie ein salbungsvoller Moralist als wie ein König. Heinrich verfügt nicht über das, was nötig wäre – Charisma, Schläue oder Skrupellosigkeit –, um die erbitterte Fehde zwischen den Fraktionen zu ersticken.

Die Schwäche im Zentrum ist eine Provokation. Verächtlich wirft York Heinrich vor, dass er »England bibelfromm zugrund regiert« (*2 Heinrich VI.*, I, 1, 260), und strebt eine vorteilhafte Position gegenüber seinen Feinden an. Er spielt heimlich mit dem Gedanken, selbst nach der Krone zu greifen, und spürt, dass andere dieselbe Idee verfolgen. Um den Thron zu besteigen, wird er jeden möglichen Konkurrenten vernichten müssen. Unterdessen lässt Heinrich, der sich redlich bemüht, seine verfeindeten Adligen zu befrieden, eine Versöhnungszeremonie aufführen. Ihr Zorn erscheint ihm »hirnverbrannt«; es ergibt keinen Sinn, dass sie einander »aus so läppisch-unsinnigem Grund« bekämpfen und erbittert an Emblemen wie den Rosen festhalten (*1 Heinrich VI*, IV, 1, 111-112). Doch er ist zu schwach, um mehr als eine leere Geste von Gemeinsamkeit im Kampf gegen die Franzosen zu bewirken.

Ein Teil des Problems liegt in Heinrichs Grundanständigkeit. Er kann nicht sehen, dass Margaret, die schöne französische Adlige, die er geheiratet hat, um Englands Anspruch auf seine überseeischen Besitzungen zu stärken, eine zynische Politikerin ist, die eine Affäre mit dem arroganten Grafen von Suffolk hat. Der arglose junge König appelliert an die sanfte Macht der Vernunft und an moralische Grundwerte, von denen er glaubt, alle Menschen würden sie bereitwillig anerkennen.

Obwohl er selbst kaum erwachsen ist, sieht der König in den starrsinnigen Führern der Fraktionen wenig mehr als verzogene, selbstsüchtige Kinder, deren hitzige Parteikämpfe von den wirklich wichtigen Fragen ablenken.

Seine edle Verachtung für ihr Gezänk ist vollkommen nachvollziehbar, macht die Sache aber nur noch schlimmer. Als Schlüsselposten zu besetzen sind – wer soll etwa den Befehl über die englischen Besitzungen in Frankreich übernehmen? –, erklärt Heinrich: »Für mein Teil, Lords, mir ist ganz gleich, wer's wird./Ob Somerset, ob York, das ist mir eins« (2 *Heinrich VI*, I, 3, 101-102). Solche Gleichgültigkeit schafft nur Spielraum für noch schärfere Konkurrenz. Es wäre besser gewesen, er hätte erkennen lassen, wem er den Vorzug geben würde, oder ein klareres Verständnis für die Gefahr gezeigt, die unter der Oberfläche der Institutionen gärt, die seiner Obhut unterstehen.

Das einzige Bollwerk gegen das drohende Chaos ist Herzog Humphrey, der Lordprotektor, aber eine Gruppe zynischer Hof- und Kirchenfunktionäre verbündet sich, kaum überraschend, um ihn zu stürzen. Als er fälschlich des Verrats beschuldigt wird, versucht er den König zu warnen. Wenn, lässt er Heinrich wissen, durch seinen Untergang das Komplott beendet würde, an dem seine Feinde schmieden, so gäbe er bereitwillig sein Leben. »Doch mein Tod ist Prolog nur für ihr Stück;/Zigtausend mehr, die noch nichts spürn von Unheil,/Werden nicht reichen zum Tragödienschluß« (III, 1, 151-153).

Heinrich hört die Warnung, kann aber seinen wichtigsten Ratgeber und Freund nicht retten. Der trugreiche Suffolk erklärt dem Parlament, der aufrechte Protektor sei »voll tiefen Trugs«. Der mörderische Kardinal Beaufort klagt ihn fälschlich an, er habe sich »schlimmste Hinrichtungsarten ausgedacht für kleinste Untat«. Der käufliche York bezichtigt ihn der Korruption. Buckingham höhnt, das sei bloß ein »kleiner Fehl« im Vergleich zu dem, was bald ans Licht kommen werde (III, 1, 57-64). Die ehebrecherische Königin, die verschlagene, sadistische Margaret, nennt Herzog Humphrey einen »Verlierer« (III, 1, 182). Der König glaubt den Vorwürfen nicht – »Es sagt mir mein Gewissen, Sie sind schuldlos« –, kann aber nicht verhindern, dass eine Falle nach der anderen zuschnappt (III, 1, 141). Als der Protektor von Wachen abgeführt wird, um sich zu den Vorwürfen zu äußern, verlässt Heinrich »verschwommnen Blicks« das Parlament, verzweifelt und unfähig, ihm zu helfen (III, 1, 218).

Insgeheim hassen Herzog Humphreys Feinde einander, aber zumindest in einem Punkt sind sie sich einig: Sie alle wollen diese einzigartig aufrechte Gestalt – Heinrich nennt ihn das »Urbild der Treue, Ehr und Redlichkeit« – aus dem Weg räumen (III, 1, 203). Da sie wissen, dass die gegen ihn erhobenen Vorwürfe haltlos sind, und fürchten, angesichts der leidenschaftlichen Unterstützung des Königs könnte es schwer werden, ohne echte Beweise einen Schuldspruch zu erwirken, beschließen sie, ihn ermorden zu lassen. Obwohl sie zynisch und skrupellos sind, können sie nicht einmal in ihrem bösartigen kleinen Kreis offen zugeben, dass sie den Lordprotektor beseitigen wollen, weil er ihnen im Weg steht. Vielmehr bekunden sie ihre Sorge um das Wohl des Staates und des allzu gutgläubigen Königs. Heinrich sei »zu voll mit Narrnmitleid«, klagt die gerissene Königin; er könne Herzog Humphreys Gerissenheit nicht durchschauen (III, 1, 225). Ihn als Lordprotektor dienen zu lassen, ergänzt der räuberische York, sei, als bitte man einen hungrigen Adler, ein Huhn zu bewachen. Oder, sagt der schlaue Suffolk, als ließe man einen Fuchs die Herde hüten. Nur weil dieser bestimmte Fuchs noch keinen tatsächlichen Schaden angerichtet habe, ändere das nichts an der Tatsache, dass er ein listiger Mörder sei. Darum sollte er, »lang eh ihm's Scharlachblut das Maul beschmiert« (III, 1, 248-259), mit List beseitigt werden.

Diese hochrangigen politischen Akteure spielen ein seltsames Spiel. Niemand in der Gruppe glaubt auch nur eine Sekunde lang, Herzog Humphrey müsse ermordet werden, um den König zu schützen oder den Staat zu retten. Jedes Wort, das sie sagen, ist eine Lüge, und jeder Verschwörer projiziert nur sein eigenes Hauptlaster auf das ausersehene Opfer. Da sie unter sich sind, warum sagen sie nicht einfach, was sie denken?

Es gibt mehrere mögliche Antworten. Erstens sind sie alle Politiker, daher liegt ihnen Verlogenheit im Blut; für Shakespeare war das Wort »Politiker« praktisch ein Synonym für Heuchler. (»Kauf dir Glasaugen;/Und, wie ein trüber Intrigant [»politician«], tu, als/Würdst Dinge sehn, die du nicht siehst«, tobt Lear [*König Lear*, IV, 6, 167-169].) Zweitens misstrauen sie einander und wissen nicht, was von ihrem Gespräch nach außen dringen mag. Drittens hoffen sie insgeheim, alle anderen ließen sich mit ihrer eigenen – und nur mit dieser einen – Lüge täuschen. Viertens fühlen sie sich besser in ihrer Haut, wenn sie vorgeben, tugendhaft zu sein, auch wenn sie wissen, dass sie es nicht sind. Und fünftens beobachten sie alle argwöhnisch, ob einer von ihnen den geringsten Vorbehalt gegen die Verschwörung äußert, irgendetwas, das sie scheitern lassen könnte. Sie wollen, dass alle mit drinhängen.

Als klar ist, dass es keine Vorbehalte gibt, übernimmt der in weltlichen Dingen erfahrene Kardinal Beaufort die nötigen Vorbereitungen. »Sagen Sie ja und amen nur zur Tat«, fordert er ein letztes Mal jeden zur Zustimmung auf, »und ich beschaffe dann für ihn den Henker«. Dann fügt er noch eine typisch verlogene Bemerkung an, die ihn als treuen Diener zeigen soll: »So sorgt mich meines Königs Sicherheit«

(*2 Heinrich VI*, 3, 1, 276-277). Mit allgemeiner Zustimmung setzt er sein Versprechen in die Tat um: Herzog Humphrey ist schnell erledigt, die vom Kardinal bezahlten Mörder erdrosseln ihn in seinem Bett.

Trotz aller Vorsichtsmaßnahmen gelingt es den Verschwörern nicht, ihr Verbrechen zu vertuschen. Der Tatort wurde zwar sorgfältig präpariert, um eine natürliche Todesursache vorzutäuschen, der Zustand der Leiche aber legt etwas anderes nahe. Warwick weist den König darauf hin:

> Doch seht hier sein Gesicht, schwarz und voll Blut,
> Die Augen vorgequolln wie nie im Leben,
> So grausig starrend ganz wie ein Erhängter;
> Das Haar gesträubt, gebläht nach Luft die Nase,
> Die Hände weit gespreizt, wie wer, der greift
> Und um sich krallt und mit Gewalt erstickt wird.
> ...
> Es bleibt nichts, als daß er ermordet wurde.
> (III, 2, 167-176)

Der König ist am Boden zerstört, und das einfache Volk, das den aufrechten Herzog Humphrey liebte, verlangt die Bestrafung der wahrscheinlichsten Täter, Suffolk und Kardinal Beaufort. Trotz der Bitten der Königin schickt der König Suffolk in die Verbannung – er wird schließlich von Piraten getötet –, und der Kardinal wird krank und stirbt, von wilden Fieberfantasien über den Mann geschüttelt, dessen Ermordung er befahl.

Doch der Schaden ist nicht mehr rückgängig zu machen, und das Staatsgebäude wankt. Obwohl vor allem Suffolk und der Kardinal das Wort führten, war die stille Kraft hinter dem Mord am Lordprotektor der brennend ehrgeizige York: »Mein Hirn, hastiger als die flinke Spinne,/Webt enge Netze, Feinde drin zu fangen« (III, 1, 339-340). Als Abkömmling von Edward III. steht York in der gesellschaftlichen Rangordnung ganz oben und ist stolz auf sein königliches Blut. Doch ausgerechnet dieser von Rang und Namen besessene Mann – er trägt seinen Stammbaum in ermüdender Ausführlichkeit vor – trägt, um sein Anliegen voranzutreiben, eine neue Komponente in den politischen Kampf zwischen der roten und der weißen Rose.

Bis zu diesem Punkt, in der Mitte der Trilogie um Heinrich VI., sind die Menschen am unteren Ende der Gesellschaft nur kurz sichtbar geworden. Politik war fast ausschließlich eine Angelegenheit der Eliten, die gegeneinander intrigieren, während die anonyme Masse – die Boten, Diener, Soldaten, Wachen, Handwerker und Bauern – im Schatten blieb. Nun treten plötzlich und unerwartet andere Figuren auf. York sieht die Gelegenheit, ein Bündnis mit der verarmten, abgehängten und ungebildeten Unterschicht zu schließen, und er ergreift sie. Wir erfahren, dass die bis jetzt unsichtbaren und schweigenden Armen vor Wut schäumen. Der Parteienkrieg benutzt zynisch den Klassenkrieg. Ziel ist es, Chaos zu erzeugen; das soll die Bühne bereiten für die Machtergreifung des Tyrannen.

Kapitel 3

POPULISMUS ALS BETRUG

Bei der Schilderung der Strategie des aufstrebenden Tyrannen erkannte Shakespeare unter den Grundbesitzern seiner Zeit eine große Verachtung für die Massen und für die Demokratie als praktikable politische Möglichkeit. Populismus mag wie eine Annäherung an die Besitzlosen aussehen, ist aber in Wirklichkeit eine Form zynischer Ausbeutung. Der skrupellose Führer hat kein echtes Interesse daran, das Los der Armen zu verbessern. Von Geburt an von Reichtum umgeben, ist er an Luxus gewöhnt und findet am Leben der Unterschicht nichts Anziehendes. Ja, er verachtet sie, hasst ihren Geruch, fürchtet, sie könnten Krankheiten übertragen, und hält sie für launisch, blöde, wertlos und entbehrlich. Aber er erkennt die Möglichkeit, sie für seine Ambitionen einzuspannen.

Es ist nicht der wohlmeinende König oder der prinzipientreue Staatsdiener Herzog Humphrey, der versteht, was am Grund des Königreichs vor sich geht. Yorks Genie, falls dies der richtige Begriff für etwas so Gemeines ist, liegt darin zu begreifen, wie er den Unmut, der unter den Ärmsten der Armen brodelt, für sich nutzen kann. Er will »in England schwarzen Sturm« entfachen, der so lange wütet, bis die Krone, die er erlangen will – »der golden Reif auf meinem Kopf« –, wie die Sonne leuchtet und den Zorn besänftigt. »Und als das Werkzeug meines Plans hab ich/Mir einen Brausekopf aus Kent verdingt,/John Cade von Ashford« (*2 Heinrich VI.*, III, 1, 349-357).

John (oder Jack) Cade existierte tatsächlich, er war ein Rebell aus der Unterschicht, über den kaum biografische Details bekannt sind. 1450 führte er einen blutigen Volksaufstand gegen die englische Regierung an, der rasch und gewaltsam niedergeschlagen wurde. Für seine Figur flickte Shakespeare Material aus historischen Chroniken (darunter der Vorwurf, Cade sei heimlich von York finanziert worden) mit den Spuren anderer Bauernaufstände zusammen und fügte Einzelheiten aus seiner eigenen lebhaften Vorstellungskraft hinzu.

Dem großmächtigen Richard Plantagenet, Herzog von York, liegt nicht das Geringste am Schicksal des niederen Mannes, den er zur Förderung seiner Pläne verleitet hat, und noch weniger an dem zerlumpten Mob, den er zur Rebellion aufstacheln will. Doch er hat Cade sorgfältig beobachtet und an ihm Qualitäten erkannt, die ihn nützlich machen, darunter eine unheimliche Gleichgültigkeit gegen Schmerz und daher die Fähigkeit, ihre Verbindung geheim zu halten:

> Gesetzt, man fängt und quält und foltert ihn,
> So weiß ich, daß kein Schmerz, den sie ihm antun,
> Ihm abpreßt, daß ich's war, der ihn zur Tat trieb.
> (III, 1, 376-378)

Geheimhaltung ist wichtig; es schickt sich nicht für einen mächtigen Adligen, als Anstifter eines grausamen Volksaufstandes bloßgestellt zu werden.

Der Aufstand wird ein noch größerer Sturm, als York sich wünschen konnte. Vor dem Mob, der sich außerhalb Londons in Blackheath versammelt hat, hält Cade eine Volksrede, die ihn als erfolgreichen Demagogen zeigt, als Meister der Voodoo-Ökonomie:

> In England soll's bald sieben Dreigroschen-Brote für sechs Kreuzer geben; und auf den Schoppen solln bald zwei Maß gehen; und das Dünnbiertrinken erklär ich zum Kapitalverbrechen. Das ganze Reich soll Gemeingut werden ... und Geld wird abgeschafft; alle solln fressen und saufen auf meine Kosten.
> (IV, 2, 63-72)

Als die Menge begeistert brüllt, klingt Cade genau wie ein moderner Wahlredner: »Ich dank euch, liebe Leute!« (IV, 2, 70)

Die Absurdität dieser Versprechen mindert nicht ihren Erfolg. Im Gegenteil: Cade verkündet offensichtliche Lügen über seine Herkunft, prahlt mit den großen Dingen, die er tun will, und die Menge nimmt alles begierig auf. Natürlich kennen seine Nachbarn ihn als geborenen Lügner:

> Cade: ... meine Mutter von der Plantagenets hohem Geschlecht ...
> Matz *(apart)*: Ja, hoch geschlechtlich war die immer, hab sie gut gekannt.

> Cade: … meine Gattin eine Edle von Flaum, vom Haus irischer Grafen …
> Matz *(apart)*: Ja, ne Edelpflaume war das, vom Hausierer die Tochter, und hat sie auch immer angeboten.
> (IV, 2, 40-44)

Cades absurder Anspruch auf eine adlige Herkunft sollte ihn als bloße Witzfigur erscheinen lassen. Statt ein reicher, hochwohlgeborener Magnat ist er kaum mehr als ein Landstreicher: »Hab gesehn, wie sie ihn drei Markttage hinternander durchgepeitscht haben«, flüstert einer seiner Anhänger (IV, 2, 55-56). Aber seltsamerweise mindert dieses Wissen nicht den Glauben des Mobs an ihn.

Nach allem, was wir wissen, meint Cade vielleicht wirklich, dass alles, was er sich spontan ausdenkt, tatsächlich eintreffen wird. Gleichgültig gegenüber der Wahrheit, schamlos und von aufgeblähtem Selbstbewusstsein, betritt der großmäulige Demagoge ein Fantasieland – »Und wenn ich König bin, denn König werd ich sein« (IV, 2, 68) – und lädt seine Zuhörer ein, ihn in diese magische Welt zu begleiten. In dieser Welt muss zwei und zwei nicht vier ergeben, und die neueste Behauptung braucht sich nicht um die Erinnerung an die gegenteilige Behauptung zu scheren, die nur ein paar Sekunden alt ist.

In normalen Zeiten ist das Ansehen einer öffentlichen Person, die beim Lügen erwischt wird oder einfach eine eklatante Unkenntnis der Wahrheit offenbart, beschädigt. Doch dies sind keine normalen Zeiten. Würde ein neutraler Beobachter auf Cades groteske Verzerrungen, Fehler und offene Lügen hinweisen, so würde der Zorn der Menge sich gegen den Zweifler richten, nicht gegen Cade. Bekanntlich brüllt nach dem Ende einer von Cades Reden jemand aus der Menge: »Das Erste, was wir tun, wir bringen alle Rechtsverdreher um« (IV, 2, 74).

Shakespeare wusste, dass die Zeile Gelächter hervorrufen würde, und das hat sie in den letzten vier Jahrhunderten getan. Sie setzt die Aggressionen frei, die das ganze Rechtswesen durchwirbeln – nicht nur die käuflichen Anwälte, sondern alle Teile des gewaltigen sozialen Apparats, der das Einhalten von Verträgen, die Zahlung von Schulden, das Erfüllen von Verpflichtungen überwacht. Wir stellen uns leichten Sinnes vor, die Menge erwarte von ihren Führern, dass sie verantwortungsbewusst für das Funktionieren dieses Apparates sorgen, aber diese Szene legt etwas anderes nahe. Was die Menge will, ist die Erlaubnis, Verbindlichkeiten zu ignorieren, Versprechen zu missachten und Regeln zu brechen.

Cade beginnt mit vagem Gerede darüber, »daß alles anders wird« (IV, 2, 63), aber seine eigentliche Anziehungskraft verdankt er der Lust an umfassender Zerstörung. Er feuert den Mob an, die Londoner Rechtsschulen niederzureißen, aber das ist erst der Anfang: »Ich hätt ein Gesuch an Eure Lordschaft«, bittet einer seiner glühendsten Anhänger, »daß alles Gesetz in England aus Ihro Mund sollt quellen«. Cade stimmt zu: »Ich hab's erwogen, so soll's sein. Los, macht! Verbrennt alle Staatsurkunden; mein Maul soll's Parlament von England sein« (IV, 7, 3-13).

Dass die einfachen Leute bei dieser Zerstörung noch die sehr begrenzte Macht verlieren würden, die sie besitzen, spielt keine Rolle. Für die, die Cade am vehementesten unterstützen, ist das altehrwürdige System institutioneller Vertretung wertlos. Es hat *sie* – so empfinden sie es – nie vertreten. Sie haben das unbestimmte Verlangen, alle Verträge zerrissen, alle Schulden erlassen und die bestehenden Institutionen vernichtet zu sehen.

Besser die Gesetze kommen aus dem Mund des Diktators, der zwar von sich behauptet, ein Plantagenet zu sein, aber in dem sie einen der ihren erkennen. Die Massen wissen genau, dass er ein Lügner ist, doch er kann – trotz seiner Käuflichkeit, Grausamkeit und Selbstsucht – ihren Traum in Worte fassen: »Und ab sofort wird alles Gemeineigentum« (IV, 7, 16).

Cades Tirade macht jede Transparenz über seine Vergangenheit und jedes ernsthafte Bemühen hinfällig, dieses oder jenes Versprechen zu halten. Seine Anhänger fordern nicht, dass er sein Wort hält, im Gegenteil: Sie sind begeistert, wenn er gegen alle Verträge wettert: »Ist das nicht zum Gotterbarm, daß sie die Haut von unschuldigen Lämmern zu Pergament machen? Und daß Pergament, wenn vom Anwalt bekritzelt, einen Mann ruiniern kann?« (IV, 2, 75-78). Die Bemerkung über das »bekritzelte« Pergament ist zugleich lächerlich – wie sollten Rechtsdokumente sonst aussehen? – und schlau. Die Armen, deren Leidenschaften Cade anfacht, fühlen sich ausgeschlossen, verachtet und empfinden so etwas wie Scham. Sie sind aus einer Wirtschaft ausgegrenzt, die immer stärker das Beherrschen einer ehemals esoterischen Technik erfordert: Lesen und Schreiben. Sie können sich nicht vorstellen, diese neue Fertigkeit zu erlangen, und auch ihr Anführer sagt nicht, sie sollten Bildung erwerben. Das würde seinen Zielen kaum nützen. Stattdessen bedient er sich ihrer Feindseligkeit gegen die Gebildeten.

Der Mob ergreift rasch einen Schreiber und wirft ihm vor: »Der kann lesen und schreiben.« Seine Ankläger berichten: »Wir haben ihn erwischt, wie er Schuljungen das Schreiben gelehrt hat« (IV, 2, 80-84). Cade leitet die Untersuchung: »Unterschreibst du gewöhnlich mit deinem Namen? Oder hast du ein Kreuzzeichen, wie jeder ehrliche brave Mann?« Hätte der Schreiber gewusst, was gut für ihn ist, so hätte er darauf bestanden, Analphabet zu sein und nur mit einem Kreuzzeichen zu unterschreiben. Doch er verkündet stolz: »Herr, ich bin, Gott sei's gedankt, so gut erzogen, daß ich meinen Namen schreiben kann.« – »Er hat gestanden«, ruft der Mob, »weg mit ihm. Das ist ein Gauner und Verräter.« Cade nimmt diese Forderung auf: »Weg mit dem, sag ich: Hängt ihn, mit Tintenfaß und Feder um den Hals« (IV, 2, 97-105).

Jack Cade sehnt sich nach der Zeit zurück, als Knaben, wie er sagt, »mit ihren Murmeln um die Franzosenkrone« spielten, bevor England »entmähnt und kahl und krüpplig [wurde] und müßt am Stock gehen« (IV, 2, 156-158). Bevor Schwächlinge das Land in die Irre führten, hätten seine Feinde vor Englands Macht erzittert, und diese glorreiche Kraftmeierei müsse zurückgewonnen werden. Er verspricht, England wieder groß zu machen. Wie er das anstellen will? Er zeigt es der Menge sofort: Er greift die Bildung an. Die gebildete Elite hat das Volk verraten. Es sind Verräter, die allesamt ihre gerechte Strafe erhalten werden, und diese gerechte Strafe wird nicht von Richtern und Anwälten verhängt, sondern durch Zuruf, in einer Art Wechselgesang zwischen dem

Führer und seinem Mob. Der englische Schatzkanzler Lord Saye »spricht sogar französisch – und deshalb ist er ein Verräter!« Das ist durchaus folgerichtig: »Die Franzosen sind unsre Feinde; drum, da frag ich nur eins: Kann einer, der die Sprache des Feindes spricht, ein guter Ratgeber sein, ja oder nein?« Die Menge brüllt die Antwort: »Nein, nein; und darum wolln wir seinen Kopf« (IV, 2, 161-166).

Nachdem der Mob die Londoner Befestigungen durchbrochen hat, in die Stadt strömt und besagten Lord Saye gefangen nimmt, genießt Cade ausgelassen seinen Triumph. Er hat den höchsten Finanzbeamten des Reichs in seiner Gewalt, Sinnbild des Sumpfes, den er trockenlegen will. (Die tatsächliche Metapher des Demagogen für das, was er vorhat, ist etwas häuslicher. Er verkündet, »daß ich der neue Besen bin, der den Hof von solchem Kot wie dir freifegen muß« [IV, 7, 30-32].) Seine Anhänger nehmen jedes Wort von ihm begeistert auf, ihnen berichtet er von den Vorwürfen gegen den Gefangenen. Er klagt Lord Saye an, etwas noch Schlimmeres getan zu haben, als die Normandie den Franzosen zu überlassen:

> Du hast hochverräterisch die Jugend des Landes durch die Einrichtung von Lateinschulen verdorben; und wohingegen früherzeitig unsre Vorväter keine Bücher kannten als das Kerbholz mit Holzkerben, hast du das Drucken durchgedrückt; und der königlichen Kronwürde und Würdenkrone zuwider hast du eine Papiermühle gebaut.
> (IV, 7, 29-34)

Sich für die Bildung von Bürgern – Menschen, die Bücher lesen – eingesetzt zu haben, ist Sayes ungeheuerlichstes Verbrechen. Und Cade hat unterstützende Beweise: »Es wird dir ins Gesicht schlagend bewiesen werden, daß du Männer um dich hast, die Umgang mit Nomen und Verben pflegen und solchen herben und abscheulichen Worten, die kein christlich Ohr zu hören demutsgeduldig genug ist« (IV, 7, 34-37).

Natürlich sollen wir das lächerlich finden, die Szene ist darauf angelegt. Shakespeare begriff aber etwas von entscheidender Bedeutung. Obwohl die Absurdität der demagogischen Rhetorik überdeutlich ist, vermindert das Gelächter keine Sekunde lang ihre Bedrohlichkeit. Cade und seine Anhänger werden sich nicht davonschleichen, weil die traditionelle politische Elite und das gesamte gebildete Volk ihn für einen Esel halten.

Dass Cade selbst die Grundlage seiner Macht versteht, deuten die Zeilen nach seinem Geschwätz über Nomen und Verben an. »Du hast Friedensrichter bestallt«, wirft er Lord Saye vor,

> daß sie sich arme Leute einbestellen hinsichtlich Fragen, die sie gar nicht beantworten können. Darüber hinaus hast du sie ins Gefängnis gesteckt; und weil sie kein Latein lesen konnten, hast du sie aufgehängt; wo sie doch aus gerade diesem Grunde zu leben besonders verdient hatten.
> (IV, 7, 37-42)

In gewisser Weise ist diese Tirade die Fortsetzung des Unsinns, den Cade von sich gibt; es ist lächerlich, Verbrecher nur deshalb zu begnadigen, weil sie nicht lesen und schreiben können. Aber der Witz bekommt einen bitteren Beigeschmack. Das Stück hat bereits ausführlich gezeigt, dass die Reichen und Mächtigen ungestraft davonkommen. Außerdem wusste Shakespeares Publikum gut, dass die Gerichte seiner Zeit das sogenannte »Vorrecht des Klerus« einräumten: Wer wegen Mordes oder Diebstahls zum Tode verurteilt worden war und nachweisen konnte, dass er des Lateinischen mächtig war, konnte Kirchengerichten ohne Todesstrafe übergeben werden. Cades Vorwurf, dass Analphabeten gehängt wurden, ist völlig richtig – und trifft ein ganzes Rechtssystem, das die gebildete Elite stark bevorzugte.

So ist es kaum verwunderlich, dass die Unterschicht ein unerschöpfliches Reservoir an Unmut bietet, das Cade anzapfen kann, und ebenso wenig, dass der Spott und die Verachtung, mit denen er und seine Anhänger überhäuft werden, diesen Unmut nur verstärken. »Rebellenpack, Kents Abschaum und Kents Dreck,/Zum Galgen reif, legt eure Waffen ab,/Heim in die Hütten«, beschimpft der königliche Offizier Sir Humphrey Stafford den Mob. Dass er die Leute »Abschaum und Dreck« nennt, verleiht dem hochtrabend zur Schau getragenen Respekt, mit dem ihr Anführer sie bedenkt, nur noch stärkeres Gewicht: »Zu euch, euch, gute Leute, red ich hier,/Die ich euch zu regieren hoff dereinst;/Denn Englands Krone ist nach Recht mein Erbe.« Einmal mehr präsentiert Cade seine groteske Lüge, und einmal mehr versucht der Vertreter des Staates, sie zu entlarven: »Du

Lump! Dein Vater war ein Mauermörtler«, schäumt Stafford, worauf Cade erwidert: »Und Adam war ein Gärtner« (IV, 2, 116-129).

Diese Antwort ist mehr als eine unlogische Replik. Cades Worte spielen auf eine Losung aus dem Bauernaufstand des späten 14. Jahrhunderts an: »Als Adam grub und Eva spann, wer war da der Edelmann?« Der Anführer der Bauern, der revolutionäre Priester John Ball, erklärte damals die Bedeutung seines aufrührerischen kleinen Reims: »Von Anbeginn an waren alle Menschen von Natur gleich geschaffen.« Im Lauf der Rebellion hatten die Aufständischen Archive verbrannt, Gefängnisse geöffnet und Staatsbeamte getötet.

Shakespeare überträgt die Furcht und den Abscheu der Besitzenden vor der Erhebung der Unterschicht in seine Schilderung von Cades Aufstand. Was die Bauernrebellen antreibt, ähnelt der mörderischen Vision Pol Pots in Kambodscha: Sie wollen nicht nur die Adligen vernichten, sondern gleich die ganze gebildete Bevölkerung des Landes. »Gelehrte, Advokaten, Adel, Hof allesamt/Ist für sie Ungeziefer und soll sterben«, berichtet ein entsetzter Beobachter (IV, 4, 35-36).

Das einfache Volk ist ausgebeutet und versklavt worden, jetzt ist die Gelegenheit gekommen, Freiheit zu erringen. »Wir lassen keinen aus, nicht Lord, noch Edelmann«, verspricht Cade eiskalt und treibt seine Anhänger an: »Schont keinen als bloß die in Nagelschuhen«, nämlich den Stiefeln der Bauern. Es sind nicht die städtischen Massen, die sich erhoben haben, sondern die Armen vom Land, die allesamt, wie Cade sagt, »wenn sie's wagten, bei uns mittun würden« (IV, 2, 177-180). Sie sind Mitläufer in einem Krieg der Unwissenden gegen die Gebildeten und würden, wenn sie den Mut hätten, das grausige Ende beklatschen, das er Menschen wie dem wortgewandten Lord Saye beschert: »Geht, schafft ihn weg, sag ich, und haut ihm gleich den Kopf ab; und dann brecht seinem Schwiegersohn ins Haus, Sir James Cromer, und haut dem den Kopf ab, und bringt sie mir auf zwei Stangen her« (IV, 7, 102-104).

Als sein Befehl ausgeführt ist und die Köpfe gebracht werden, inszeniert Cade ein Stück sadistischen politischen Theaters: »Laßt sie sich küssen«, befiehlt er, »denn zu Lebzeiten warn die ein Herz und eine Seele.« Und mit dem grausamen Sarkasmus, der diese Art des Demagogen perfekt veranschaulicht, fügt er hinzu: »Nun trennt sie wieder, damit sie nicht beratschlagen, wie sie noch mehr Städte in Frankreich aufgeben« (IV, 7, 121-125).

Cade strebt danach, ein Tyrann zu sein, und zwar ein reicher: »Der stolzeste Peer im Reich soll keinen Kopf am Kragen tragen, außer er zahlt mir Tribut« (IV, 7, 111-112). Außerdem wünscht er sich das Recht, mit jeder Frau zu schlafen, die er in die Finger kriegen kann. Eine Weile kann er seine Anhänger zu wahnhafter Zerstörungswut aufpeitschen: »Rauf in die Fish Street! Runter Sankt Magnus Corner! Schlagt sie tot und macht sie alle! Schmeißt sie in die Themse!« (IV, 8, 1-3). Doch er kann auf keine organisatorischen Fähigkeiten und keine Partei zurückgreifen, und wir wissen (im Gegensatz zu seinen Anhängern), dass er nur das Werkzeug des finsteren York ist.

Als die Zeit reif ist, kopieren die Vertreter des Königs Cades Methoden, appellieren an patriotische Gefühle und Beutefantasien und locken den Mob von seinem Aufstand fort in eine andere Richtung – »Nach Frankreich! Frankreich! Holt euch, was verlorngging.« Der isolierte und verbitterte Cade flieht und verflucht seine einstige Gefolgschaft:

> Ich dacht, ihr wolltet nie die Waffen niederlegen, bis
> ihr euch nicht eure alte Freiheit zurückgeholt hättet;
> aber ihr seid alle Abtrünnige und Feigherzen und seid
> erst froh, wenn ihr unterm Adel in Sklaverei leben
> dürft. Solln sie euch doch den Buckel brechen mit
> Bürden, euch die Häuser unterm Hintern wegnehmen,
> eure Weiber und Töchter euch vor den Augen ver-
> gewaltigen.
> (IV, 8, 24-31, 48)

Wenn wir Cade das nächste Mal sehen, dringt er als hungriger Flüchtling in einen Garten ein, »nachschaun, ob ich nicht was Gemüsiges knabbern oder ein paar Blatt Salat pflücken könnte«. Der Gartenbesitzer erschlägt den abgemagerten Rebellen mühelos mit dem Schwert und zerrt seine Leiche »zum Haufen Mist hin, der dein Grab sein soll« (IV, 10, 10-11, 80).

König Heinrich atmet erleichtert auf, doch fast zugleich mit Cades Ende wird ihm gemeldet, dass York sich mit einer irischen Armee dem königlichen Lager nähert. York ist schlau genug, seine Absichten so lange zu verbergen, bis er stark genug zum Handeln ist, aber in seinen Monologen macht er klar, dass er sich mit nichts Geringerem als der Krone zufriedengeben wird. Es folgt ein kompliziertes Gewirr von Ereignissen, Kriegen in Frankreich, Verschwörungen, Verrat und Gewalt in England. Das Resultat ist ein offener Krieg zwischen beiden Parteien, der roten und der weißen Rose, den Anhängern von Lancaster und York.

Die Schrecken dieses Krieges versinnbildlichen den Zusammenbruch grundlegender Werte – Respekt für Ordnung, Menschlichkeit und Anstand –, der den Weg für den Aufstieg des Tyrannen ebnet. Die Keime des Zusammenbruchs waren schon im Streit zwischen York und Somerset sichtbar geworden, wo die Meinungsverschiedenheit über ein obskures juristisches Problem rasch zu einem Trommelfeuer von Beleidigungen eskalierte. Der Zorn wurde durch den Aufstieg der Parteipolitik verstärkt und führte dann durch Yorks List zum Mord an Herzog Humphrey und zu Jack Cades Aufstand. Doch der Bürgerkrieg hebt den Schleier der Verstellung. Die führenden politischen Figuren verstecken ihre höchsten Ambitionen nicht mehr und überlassen das Ausagieren ihrer sadistischen Impulse nicht länger ihren Untergebenen. Die byzantinische Komplexität der Handlung von diesem Punkt an macht das letzte Stück von Shakespeares Trilogie schwer inszenierbar, aber einige Punkte sind besonders bemerkenswert.

Erstens macht das wachsende Chaos den Ausgang des Machtkampfs völlig unvorhersehbar. Solange er im Halbschatten wirkte und seine Wünsche durch Stellvertreter wie Cade vorantrieb, schien York nahezu unverwundbar. Sobald er jedoch im Licht steht – an einem Punkt setzt er sich sogar auf den Thron, muss aber schnell wieder heruntersteigen –, werden er und seine Familie zu direkten Zielen des gegnerischen Lagers. Seine Feinde nehmen seinen zwölfjährigen Sohn gefangen und ermorden ihn. Als sie kurz darauf York selbst gefangen nehmen, bieten sie ihm höhnisch ein mit dem Blut seines Sohns getränktes Taschentuch an. Dann verspotten sie ihn und krönen ihn mit einer Papierkrone, bevor sie ihn schließlich erstechen. Diese bösartige Grausamkeit hat er selbst mit entfesselt und legitimiert, und sie beendet das Leben des Möchtegerntyrannen.

Zweitens wird der Traum von der absoluten Herrschaft nicht von einer Einzelperson geträumt; im politischen Denken der Zeit ist das eine dynastische Ambition, eine Familienangelegenheit. In einer Epoche, in der die Macht regelmäßig vom Vater auf den ältesten Sohn überging (oder, falls keine Söhne existierten, auf die älteste Tochter), war es nur zu verständlich, wenn Tyrannen die Monarchen kopierten, die sie ablösen wollten, und versuchten, die Macht für ihre Erben zu sichern. Sogar in demokratischen Systemen, wo die Nachfolge durch Wahlen entschieden wird, haben wir dynastische Ambitionen keineswegs hinter uns gelassen; vielmehr scheinen sie in der heutigen Politik stärker zu werden. Und wem kann der stets unsichere Tyrann mehr trauen als den Mitgliedern seiner Familie?

Doch Familieninteressen sind nur ein Element im unaufhörlichen Tumult, den Shakespeare schildert. Der Tumult ist auch eine Folge der Parteipolitik, symbolisiert im Pflücken der weißen und roten Rosen. Yorks Tod ist ein schwerer Schlag für seine Partei, aber er beendet nicht die Bemühungen um den Sturz des rechtmäßigen Monarchen. Die Yorkisten finden einen neuen Kandidaten, Yorks Sohn Edward, und stärken mit allen Mitteln seinen Thronanspruch.

Drittens tritt die politische Partei, die um jeden Preis an die Macht kommen will, heimlich in Kontakt zum traditionellen Feind des Landes. Englands Feindschaft zu der Nation auf der anderen Seite des Ärmelkanals, die durch überhitzte patriotische Reden von der Wiedergewinnung verlorenen Territoriums ständig angefacht und von all dem dabei eingesetzten Gold und Blut befeuert wurde, verschwindet plötzlich. Die Yorkisten – die in Person von Cade so getan hatten, als sei es Hochverrat, auch nur Französisch zu sprechen – nehmen geheime Verhandlungen mit Frankreich auf, offiziell mit dem Ziel, den Krieg zwischen beiden Ländern durch eine dynastische Heirat zu beenden, in Wirklichkeit aber erwachsen sie, das stellt Königin Margaret zynisch klar, aus »dem Betrug, wie ihn die Not sich zeugt« (*3 Heinrich VI.*, III, 3, 68). Um Edward Plantagenet auf den Thron zu bringen, versuchen die Yorkisten die Macht ihres Kandidaten zu stärken. Ihm fehlt immer noch die Kraft, Heinrich zu stürzen, und seine Partei wird sich die nötige Macht, egal woher, verschaffen, auch wenn das Landesverrat bedeutet. Dass die Yorkisten ständig den Verlust von so viel Territorium an die verhassten Gegner, die Franzosen, beklagt und Heinrich lautstark dafür die Schuld gegeben haben, spielt keine Rolle. Nun heucheln sie plötzlich »Freundlichkeit und ungefärbt[e] Liebe« ihrem Feind gegenüber (III, 3, 51). Glühende Patrioten wie Talbot sind hoffnungslos naiv, wenn sie meinen, die Loyalität zur Nation stehe über persönlichen Interessen. Eine zynische Insiderin wie Königin Margaret weiß es besser: »Denn wie kann ein Tyrann zu Haus ruhig herrschen,/Wenn er sich nicht im Ausland Rückhalt kauft?« (III, 3, 69-70).

Viertens kann der legitime, gemäßigte Herrscher nicht auf öffentlichen Dank oder Unterstützung zählen. In dem chaotischen Kampf aller gegen alle, der das Reich erfasst hat, erregt diese scheinbare Preisgabe von Prinzipien keine große

Empörung. Was zu anderen Zeiten vielleicht zum Vorwurf des Verrats geführt hätte, wird einfach als normal akzeptiert. Und wenn es nicht länger die verdienten Strafen für Verrat gibt, gibt es auch nicht mehr die erhofften Belohnungen für Tugend. Vielleicht war eine solche Hoffnung immer trügerisch: Ein anständiger Herrscher sollte nie auf die Dankbarkeit des Volkes rechnen. Das hatte sich bereits während der Cade-Rebellion gezeigt, aber es bewahrheitet sich noch fataler auf dem Höhepunkt des Bürgerkriegs. Kurz vor seinem Sturz drückt Heinrich die Zuversicht aus, dass seine Untertanen ihn unterstützen werden, weil er stets ein einigermaßen gerechter, fürsorgender und gemäßigter König war. Dieser Anspruch ist nicht falsch, aber der tödliche Fehler liegt in Heinrichs Glauben, dies werde ihm öffentliche Unterstützung sichern:

> Ich hab nicht ihren Bitten 's Ohr verstopft,
> Noch ihre Wünsche zögerlich verschleppt;
> Mein Mitleid war für ihre Wunden Balsam,
> Mein Mildsinn hat ihr schwellendes Leid gestillt,
> Mein Gnadwort trocknete ihr Meer aus Tränen;
> Ich hab nicht hingegiert auf ihren Reichtum,
> Noch sie mit schweren Steuern sehr gepreßt,
> Noch war ich rachewild, sooft sie irrten.
> Warum dann sollten sie mir Edward vorziehn?
> (IV, 8, 39-47)

Doch im Augenblick der Wahrheit, in der Schlacht, die entscheidet, ob es den Yorkisten endgültig gelingt, an die Macht zu kommen, bleibt die öffentliche Unterstützung für den tugendhaften Heinrich aus. Zuerst wird sein Sohn und Erbe von den Söhnen Yorks ergriffen und erstochen, dann stirbt er selbst von der Hand des skrupellosesten dieser Söhne, Richard, Herzog von Gloucester. Der Führer der Yorkisten, Edward Plantagenet, besteigt den Thron.

Und fünftens kann die scheinbare Wiederherstellung der Ordnung nach dem nationalen Chaos sich als Illusion erweisen. Edward, der meint: »Und nun was bleibt noch, als die Zeit verbringen/Mit Staatsprunkfeiern, heiteren Komödien«, ist eine gemäßigtere Gestalt als sein Vater York, weit weniger von Machtfantasien verzehrt. Um dem Land wieder den Anschein einer normalen, legitimen Herrschaft zu geben, hofft er ein kollektives Vergessen des Albtraums zu bewirken, aus dem alle noch kaum erwacht sind. In diesem Geist der Amnesie bezeichnet er das von seiner Partei angerichtete Blutvergießen als »Leid und Missgeschick« (V, 7, 42-45) und erklärt fröhlich, alle Bedrohung sei verschwunden: »So wischten Wir die Zukunftsangst vom Thron/Und machten Sicherheit zu Unserm Schemel« (V, 7, 13-14).

Nach den Schlussworten des neuen Königs scheint alles im Reich glücklich entschieden: »Denn heut, hoff ich, beginnt lang währndes Glück« (V, 7, 46). Am Ende von Shakespeares Rosenkriegs-Trilogie weiß das Publikum jedoch, dass diesem Glück keine Dauer beschieden ist. Edward verdankt den Sieg seiner Partei und damit seine Krone vor allem seinen tapferen Brüdern George, Herzog von Clarence, und Richard, Herzog von Gloucester. George schwankte an einem Punkt im Bürgerkrieg und schlug sich kurz auf die Seite Lancasters, kämpfte dann aber wieder für die Sache Yorks. Richard schwankte niemals, und er war es auch, der

Heinrich VI. erschlug. Doch als der König blutend zu seinen Füßen lag, stellte Richard klar, dass seine einzige Treue ihm selbst gilt: »Hab keinen Bruder, bin nicht wie ein Bruder;/... Ich bin ich selbst allein« (V, 6, 80-83). Ein neuer Tyrann wartet auf seinen Auftritt.

Kapitel 4

EINE FRAGE DES CHARAKTERS

Shakespeares *Richard III.* entfaltet meisterhaft die Persönlichkeit des aufstrebenden Tyrannen, deren Grundzüge bereits in der *Heinrich VI.*-Trilogie sichtbar wurden: die grenzenlose Selbstliebe, das Brechen von Gesetzen, die Lust am Zufügen von Schmerz, das zwanghafte Bedürfnis, Überlegenheit zu spüren. Er ist ein pathologischer Narzisst und in höchstem Maße arrogant. Er verfügt über eine groteske Anspruchshaltung und hat nie einen Zweifel daran, dass er tun kann, was er will. Er brüllt gern Befehle und sieht, wie seine Untergebenen sie hastig ausführen. Er erwartet unbedingte Loyalität, ist aber unfähig zur Dankbarkeit. Die Gefühle anderer bedeuten ihm nichts. Er hat keinen natürlichen Anstand, keine Vorstellung von Mitmenschlichkeit, kein Schamgefühl.

Das Gesetz ist ihm nicht nur gleichgültig, er hasst es, und es bereitet ihm Vergnügen, es zu brechen. Er hasst es, weil es ihm im Weg steht und eine Idee von Gemeinwohl verkörpert, die er verachtet. Er teilt die Welt in Sieger und Verlierer ein. Die Sieger erwecken seine Anerkennung, sofern er sie für seine Zwecke nutzen kann; die Verlierer erregen nur seinen Spott. Das Gemeinwohl ist etwas, von dem nur Verlierer reden. Er redet lieber vom Gewinnen.

Kapitel 4

Er war immer von Reichtum umgeben, er wurde in ihn hineingeboren und macht ausgiebig von seinem Vermögen Gebrauch. Doch obwohl er die Früchte des Reichtums genießt, ist es nicht das, was ihn erregt, sondern die Freude daran, Überlegenheit zu spüren. Er liebt es, andere zu demütigen und zu quälen. Leicht reizbar, schlägt er nach jedem, der ihm in den Weg kommt. Es gefällt ihm zu sehen, wie sich jemand windet, zittert oder vor Schmerz zusammenzuckt. Er hat ein Talent dafür, Schwächen zu erkennen, und versteht es, Spott und Beleidigung auszuteilen. Diese Fähigkeiten ziehen Anhänger an, die dieselbe grausame Freude empfinden, auch wenn sie nicht seine Meisterschaft darin erreichen. Obwohl sie wissen, dass er gefährlich ist, helfen sie ihm, sein Ziel zu erreichen, nämlich den Besitz der höchsten Macht.

Zum Besitz von Macht gehört die Beherrschung von Frauen, aber er verachtet sie weit mehr, als dass er sie begehrt. Sexuelle Eroberung erregt ihn, aber nur als endlos wiederholter Beweis, alles haben zu können, was er will. Er weiß, dass die, die er begrapscht, ihn hassen. Ja, sobald er die Macht erlangt hat, die ihn politisch wie sexuell so anzieht, weiß er auch, dass ihn eigentlich jeder hasst. Zunächst gibt ihm dieses Wissen Energie, versetzt ihn in eine Art fieberhafte Wachsamkeit gegenüber Rivalen und Verschwörungen. Doch bald beginnt es an ihm zu nagen und ihn auszuzehren.

Früher oder später wird er zu Fall gebracht. Er stirbt ungeliebt und unbeweint. Er hinterlässt nur Zerstörung. Es wäre besser, Richard III. wäre nie geboren worden.

Shakespeare legte seinem Porträt Richards die höchst tendenziöse und parteiische, von den Tudor-Chronisten weitergeführte Darstellung von Sir Thomas Morus zugrunde. Aber woher kommt seine Psychopathologie, fragte sich der Dramatiker? Wie ist sie entstanden? Nach Shakespeares Verständnis quälte den Tyrannen das Gefühl der eigenen Hässlichkeit, Folge eines missgestalteten Körpers, der Menschen seit seiner Geburt vor Ekel oder Schrecken abstieß. »Die Amme staunte, und die Weiber schrien:/›O Jesu hilf, der kommt mit Zähnen auf die Welt!‹/Und grad so war's«, sinniert er vor sich hin, »was deutlich zeigt, daß ich/Knurrn sollt und beißen und den Hofhund spielen« (*3 Heinrich VI.*, V, 6, 74-77).

Richards angeborene Zähne sind eine symbolisch aufgeladene Eigenschaft, die er in sein Selbstbild integriert hat und die offensichtlich von anderen ausgeschmückt wurde. »Je nun, es heißt, mein Onkel wuchs so schnell,/Daß er, zwei Stunden alt, konnt Rinden kauen«, schwatzt sein kleiner Neffe York. »Wer hat dir das gesagt?«, fragt ihn seine Großmutter, die Herzogin von York, Richards Mutter. »Seine Amme«, sagt der Junge, doch die Herzogin widerspricht: »Die Amme? Die war tot, lang eh's dich gab.« – »Wenn sie's nicht war, dann weiß ich nicht mehr, wer«, sagt er (*Richard III.*, II, 4, 27-34). Richards Geburt ist zum Stoff von Legenden geworden.

Richard erwähnt die Reaktionen der Hebamme und ihrer Helferinnen, doch man kann leicht vermuten, dass der Bericht über seine unter schlechten Vorzeichen stehende Geburt vor allem von seiner Mutter stammt. Die Herzogin von York hat offensichtlich ihren Sohn und alle anderen mit Geschichten über seine schwere Geburt und die abstoßenden Zeichen an seinem Körper ergötzt. Ihr wiederkehrendes Thema ist, dass sie ihn »in Schmerzen und in Pein« geboren hat (IV, 4, 164), und dieses Thema dient als Vorwurf gegen ihn durch jene, die so unklug oder verzweifelt sind, offen zu sprechen. »'S litt deine Mutter mehr als Mütterschmerz«, erinnert der unglückliche Heinrich VI. seinen Besieger Richard, »Doch weniger kroch vor als Mütterhoffnung,/Nämlich ein ungegorn verwachsner Klump.« Als der gefangene König auch noch auf die Zähne eingeht – »Zähne im Mund hattst du bei der Geburt,/Zum Zeichen, daß du kämst, die Welt zu beißen« – hat Richard genug. »Ich will nichts weiter hörn!«, ruft er und ersticht seinen königlichen Gefangenen (*3 Heinrich VI.*, V, 6, 49-57).

Wie seine Umgebung allmählich erkennt, stimmt mit Richards Geist etwas nicht; sogar er gibt sein inneres Chaos zu, wenn auch nur sich selbst gegenüber. Um seine moralische und psychische Missbildung zu erklären, verweisen seine Zeitgenossen auf die körperliche Missbildung: die gekrümmte Wirbelsäule, die sie Buckel nennen (und die wir als schweren Fall von Kyphose diagnostizieren würden). Ihnen scheint es so, als habe das Universum ihn äußerlich gezeichnet, um seinen inneren Zustand anzuzeigen. Und Richard ist derselben Meinung: »Drum, da der Himmel mir den Leib krumm formte,/Mach mir die Hölle 's Hirn krumm.« Da er in sich keine gewöhnlichen menschlichen Gefühle spürt – »Ich, der kein Mitleid kennt, noch Furcht noch Liebe« –, formt er seinen Geist absichtlich nach der stigmatisierten Verkrümmtheit seines Körpers (V, 6, 68, 78-79).

Shakespeare verwirft nicht die Überzeugung seiner Zeit, die körperliche Missbildung sei Ausdruck einer moralischen; er erlaubt seinem Publikum, daran zu glauben, dass eine höhere Macht, ob Natur oder Gott, dem Schurken ein sichtbares Zeichen seiner Gemeinheit aufgedrückt hat. Richards körperliche Missbildung ist eine Art übernatürliches Vorzeichen oder Emblem seiner Bösartigkeit. Doch entgegen dem herrschenden Glauben seiner Zeit beharrt Shakespeare darauf, dass auch umgekehrt gilt: Richards Missbildung – oder vielmehr die Reaktion der Gesellschaft auf seine Missbildung – ist die Wurzel seiner Psychopathologie. An dieser Konditionierung ist nichts Automatisches, ganz sicher bedeutet sie nicht, alle Menschen mit verkrümmtem Rückgrat würden zu abgefeimten Mördern. Shakespeare deutet aber an, dass ein von der Mutter nicht geliebtes Kind, von seiner Umgebung verspottet und gezwungen, sich selbst als Monster anzusehen, sich bestimmte Ersatzbefriedigungen schafft, die zum Teil ebenso zerstörerisch wie selbstzerstörerisch sind.

Richard schaut zu, wie sein Bruder Edward einer attraktiven Frau den Hof macht. Offensichtlich hat er das schon früher beobachtet – sein Bruder ist ein notorischer Frauenheld –, und es erzeugt düstere Gedanken. »Ja, Göttin Liebe schwor im Mutterschoß mir ab«, so grübelt er, und um sicherzugehen, dass er dauerhaft verstoßen bleibe, verschwor die Göttin sich mit der Natur

> Mir meinen Arm zum dürren Ast zu schrumpfen;
> Mir bösen Buckelberg zu baun am Rücken,
> Wo nun Gnom Krüppel hockt und höhnt den Leib;
> Die Beine mir im Ungleichmaß zu formen;
> Rundum zum Mißverhältnis mich zu machen.
> (3 *Heinrich VI.*, III, 2, 153-160).

Die Vorstellung, irgendwelchen erotischen Erfolg zu haben, hält er für grotesk; niemand könnte einen Körper wie den seinen lieben. Welches Vergnügen auch immer er vom Leben wird ergreifen können, es wird bestimmt nicht darin liegen, dass er »in einer Schönen Schoß« den Himmel findet (III, 2, 148). Doch es gibt eine Möglichkeit, diesen schmerzhaften Verlust zu kompensieren: Er kann jene erniedrigen und quälen, deren körperliche Vorzüge ihm fehlen.

Als jüngster Sohn des Herzogs von York und Bruder König Edwards IV. steht Richard ganz oben in der gesellschaftlichen Hierarchie. Er weiß, dass Leute grausame Witze über ihn machen, ihn »Kröte« und »Eber« nennen, wenn er sie nicht hören kann, aber er weiß auch, dass seine vornehme Geburt ihm fast grenzenlose Autorität über die unter ihm Stehenden verleiht. Diese Autorität vermischt sich bei ihm mit Arroganz, Neigung zur Gewalt und dem Bewusstsein, dass seine adlige Herkunft ihm Straffreiheit verleiht. Wenn er einen Befehl gibt, erwartet er die sofortige Ausführung. Als er auf die Prozession mit der Totenbahre des Königs trifft, den er ermordet hat, befiehlt Richard den Trägern und ihren bewaffneten Dienern nachdrücklich, stehen zu bleiben und sie abzusetzen. Als sie sich weigern, überschüttet er sie mit Beleidigungen – »Schufte«, »dummdreister Hund«, »Kerl« – und droht sie umzubringen (*Richard III.*, I, 2, 36-42). Die Macht, die seine soziale Stellung ihm verleiht, und das Selbstbewusstsein, mit dem er sie behauptet, sind so groß, dass sie ihm zitternd gehorchen.

Andere seine Überlegenheit spüren zu lassen, dient Richard dazu, sein lädiertes Selbstbild zu stärken, den Schmerz der Zurückweisung abzuwehren, sich aufrecht zu halten. Ihm ist, als würde sein Körper ihn ständig verspotten, nicht nur von anderen verspottet werden. Da ihm das physische Gleichgewicht fehlt, erscheint sein Körper ihm »wie's Chaos« (3 *Heinrich VI.*, III, 2, 161). Macht auszuüben, vor allem die Art von Macht, die Menschen aus dem Gleichgewicht bringt, mildert sein Gefühl chaotischen Missverhältnisses, so hofft er jedenfalls. Es geht nicht einfach darum, Leute herumzukommandieren, obwohl das angenehm ist; es bereitet ihm auch ein eigentümliches Vergnügen mitanzusehen, wie sie zittern, stolpern oder fallen.

So wie Shakespeares Stück ihn schildert, ist Richard sich der Verbindungen zwischen seiner körperlichen Missbildung, seinem Charakter und seinen übergeordneten politischen Zielen eiskalt bewusst:

> Drum, da die Welt mir keinen Spaß sonst bietet,
> Als die zu knechten, treten, zu beherrschen,
> Die besserer Gestalt sind als ich selbst,
> Soll's mir mein Himmel sein, vom Thron zu träumen.
> (III, 2, 165-168)

Auf seine abstoßende Art ist er ein Mann, der ungewöhnliche Klarheit über sich erlangt hat. Er weiß, was er fühlt, was ihm fehlt und was er braucht (oder zumindest haben will), um Freude zu empfinden. Absolute Macht – die Macht, jedermann Befehle zu erteilen – ist die äußerste Form dieser Freude, und nicht weniger als dieser Vorgeschmack des Himmels kann ihm Befriedigung verschaffen. Er will »die Welt als Hölle« sehen, »Bis mein verwachsner Rumpf, der diesen Kopf trägt,/ Rundum umringt ist von 'ner Glorienkrone« (III, 2, 169-171).

Richard ist sich wohl bewusst, dass er sich in einer

Wunscherfüllungsfantasie bewegt. Sein Bruder Edward hat zwei kleine Söhne, die direkte Thronerben sind; und sollte zufällig keiner von ihnen überleben, ist da noch sein älterer Bruder George, der Herzog von Clarence. Zwischen Richard und der Krone, die er anstrebt, liegt eine riesige Kluft:

> Tja, also träum ich nur vom Hoheitsrang;
> Wie einer, der auf Vorgebirgen steht
> Und fern das Ufer späht, wohin er möchte,
> Und wünscht, sein Fuß wär wie sein Blick gleich dort,
> Und's Meer verflucht, weil's ihn vom Ziel trennt – schwört
> Daß er's mit Eimern leerschöpft, seinen Willn zu haben.
> (III, 2, 134-139)

Es liegt etwas Verzweifeltes und fast Bemitleidenswertes im Traum dieses verkrümmten Mannes, er werde eines Tages die Macht haben, alle herumzustoßen und sich dadurch einen Ausgleich für den ungeliebten, schiefen Körper zu verschaffen. Er ist »wie wer verirrt im Dorngestrüpp«, der beim verzweifelten Versuch, ins Freie zu gelangen, »Dornen abreißt und sich reißt an Dornen« (III, 2, 174-175).

Unter diesen Umständen ist Richards wichtigste Waffe die Absurdität seines Bestrebens selbst. Niemand mit gesundem Verstand würde vermuten, dass er ernsthaft vorhat, den Thron zu besteigen. Und er hat Vertrauen in eine bestimmte, für ihn unverzichtbare Fähigkeit: Er ist ein begnadeter Betrüger. »Oh, ich kann lächeln und beim Lächeln morden«, gratuliert er sich,

> Und schrein: »Wie schön!«, wenn was ins Herz mich trifft,
> Und mir die Wangen mit Kunsttränen nässen
> Und mir die Mienen je nach Anlaß modeln.
> (III, 2, 182-185)

Er verfügt über die besonderen theatralischen Gaben eines Hochstaplers und Bauernfängers.

Im spektakulären Eröffnungsmonolog von *Richard III.* erinnert der Protagonist das Publikum, wo die Trilogie endete. »Nun ward der Winter unsres Missvergnügens/Glorioser Sommer, von Yorks Sohn besonnt« (*Richard III.*, I, 1, 1-2). Dann öffnet Shakespeare wieder das Fenster in Richards Charakter. England ist endlich befriedet, aber für den verkrümmten Herzog von Gloucester gibt es keinen Frieden. Alle haben nun Gelegenheit, sich dem Vergnügen hinzugeben,

> Doch ich, nicht recht gebaut für Körperkünste
> Noch fürs Hofiern verliebter Spiegel gut;
> Ich, grob geprägt und ohne Liebesmajestät
> Zum Rumstolziern vor geil sich ziernden Nymphen:
> Ich, um das schöne Ebenmaß kastriert,
> Geprellt ums Äußere durch Betrügerin Natur,
> Entstellt, unfertig, vor der Zeit geschickt
> Ins Atmen dieser Welt, kaum halb gegart –
> Und das so lahm und ungestalt, daß mir
> Die Hunde nachbelln, hink ich wo vorbei –,
> Nun, ich, in dieser schlaffen Friedenflötezeit,
> Kenn kein Vergnügen zum die Zeit vertreiben.
> (I, 1, 14-25)

Da er »entstellt, unfertig, vor der Zeit geschickt/Ins Atmen dieser Welt, kaum halb gegart«, wird Richard sich nicht als Liebhaber versuchen, sondern mit allen nötigen Mitteln die Macht anstreben.

Shakespeare glaubte nicht, ein Kompensationsmodell – Macht als Ersatz für sexuelles Vergnügen – könne die Psychologie eines Tyrannen ganz erklären. Er war jedoch zutiefst überzeugt, dass eine spezifische Verbindung zwischen der Lust nach tyrannischer Macht und einem verhinderten oder geschädigten psychosexuellen Leben besteht. Und er war auch überzeugt, dass sich traumatische und bleibende Beschädigungen des Selbstbilds auf frühe Erlebnisse zurückführen ließen: auf die Angst eines Heranwachsenden, hässlich zu sein, auf den grausamen Spott anderer Kinder oder sogar – noch früher im Leben – auf die Reaktionen von Kindermädchen und Hebammen. Vor allem glaubte er, die Weigerung oder Unfähigkeit einer Mutter, ihr Kind zu lieben, könne irreparablen Schaden nach sich ziehen. Richards bitterer Groll auf die Liebesgöttin, die ihn verstieß, und auf die Natur, die seinen Arm verkümmern ließ wie einen trockenen Ast, ist ein dünner Schleier für die rasende Wut auf seine Mutter.

Richard III. ist eines der wenigen Stücke Shakespeares, in denen eine Mutter-Kind-Beziehung geschildert wird. Weitaus häufiger dreht sich die Handlung um Kinder und ihre Väter – Egeus im *Sommernachtstraum*, Heinrich IV. in den beiden Stücken, die seinen Namen tragen, Leonato in *Viel Lärm um nichts*, Brabantio in *Othello*, Lear und Gloucester in *König Lear*, Prospero im *Sturm*, um nur einige zu nennen –, während kaum etwas an die Frauen erinnert, die diese

Kinder zur Welt brachten. In der Trilogie *Heinrich VI.* treten Yorks vier Söhne, Edward, George, Rutland und Richard auf, während ihre Mutter nicht einmal vorgestellt wird. Das Gewicht der Stücke liegt nicht auf dem Einzelnen oder der Familie, sondern auf Englands Abgleiten in den Bürgerkrieg. Wenn Shakespeare sich aber auf den Charakter des Tyrannen konzentrierte – die innere Bitterkeit, Unordnung und Gewalt, die ihn zum Unglück seines Landes antreiben –, musste er etwas Fehlendes in der Beziehung zwischen Mutter und Kind untersuchen.

Richards Mutter, die Herzogin von York, stellt vom ersten Auftritt in *Richard III.* an klar, dass sie ihren Sohn für ein Ungeheuer hält. Sie hat gute Gründe dafür. Sie kennt die Einzelheiten nicht, vermutet aber, dass Richard und nicht ihr kränklicher ältester Sohn Edward hinter dem Mord an seinem Bruder George steckt.

Richard hat große Sympathie und Liebe für seine Nichte und seinen Neffen, Georges verwaiste Kinder, geäußert, doch die Herzogin warnt die beiden »harmlosen Unschuldlämmchen«, kein Wort von dem zu glauben, was er sagt. »Glaubst du, mein Onkel heuchelt, Großmama?«, fragt eines der Kinder. »Ja, Kind«, antwortet sie knapp. »Er ist mein Sohn, ja, somit meine Schande«, gibt sie zu, weist allerdings sogleich jede Verantwortung von sich; »Doch mir vom Busen trank er nicht Betrug« (*Richard III.*, II, 2, 18, 29-32). Als Edwards Tod gemeldet wird, womit Richard der letzte Überlebende ihrer vier Söhne ist, fühlt die Herzogin nur umso stärker ihre Schande. »Und ich, zum Trost, hab bloß ein Zerrglas noch,/ Das mich nur schmerzt, weil's mir mein Schandmal zeigt«, sagt sie bitter (II, 2, 53-54).

Richard tritt auf und täuscht seinen kindlichen Respekt der Mutter gegenüber vor, indem er niederkniet, um ihren Segen zu empfangen. Sie gibt unwillig nach, doch es ist klar, dass sie verabscheut, was sie auf die Welt gebracht hat. Später im Stück drängt sie die anderen Frauen, deren Leben ihr Sohn zerstört hat – die alte Margaret, die Witwe Heinrichs VI., Elisabeth, die Witwe Edwards, und Richards unglückliche Ehefrau Anne –, ihrer Trauer und ihrem Zorn Luft zu machen: »Komm und lass uns/Im bittren Wortschwall meinen Höllensohn/Ersticken« (IV, 4, 132-134). Als er vor ihnen erscheint, belegt sie ihn zum ersten Mal mit dem Wort, das den Abscheu verkörpert, den seine Erscheinung stets hervorgerufen hat: »Du Kröte, Kröte du« (IV, 4, 145). Hätte sie ihn doch bloß im Mutterleib erwürgt, sagt sie, dann hätte sie all das Unglück verhindern können, mit dem er die Welt und ihr Leben erfüllt hat:

> Zur Welt gebracht
> Hast du die Welt zur Hölle mir gemacht.
> Schmerzreiche Mühsal war's, dich zu gebärn;
> Launisch und eigensinnig deine Kindheit;
> Die Schulzeit schrecklich, tolldreist, wild und wüst;
> Dein Jugendalter dreist, kühn und verwegen;
> Dein Reifealter stolz, fein, schlau und blutig.
> (IV, 4, 166-172)

Sie werde niemals wieder mit ihm sprechen, verkündet sie, um ihn am Ende schließlich zu verfluchen und für seinen Tod zu beten: »Blutig bist du, wirst blutig auch verderben« (IV, 4, 195).

Scham und Abscheu der Mutter sind nicht nur Folge der Freveltaten des Sohnes, sie reichen bis an den Anfang zurück, ihren ersten Blick auf das Neugeborene und seine reizbare, launische Kindheit. Gegenüber Edward und George drückt sie mütterliche Zärtlichkeit und Besorgnis aus, gegenüber dem missgestalteten Richard hat sie stets nur Ekel und Widerwillen empfunden.

Richard reagiert, wenig überraschend, mit dem Befehl, Trompeten und Trommeln erschallen zu lassen, um ihre Flüche zu übertönen. Doch das Stück deutet an, dass die Ablehnung seiner Mutter ihn getroffen und ihm noch etwas anderes eingepflanzt hat als Ungeduld und rasende Wut. Es deutet auch an, dass er als Reaktion auf ihre Ablehnung irgendwie lebenslange Strategien entwickelt hat, beachtet zu werden und sich Gehör und Einlass zu verschaffen. Eine von Richards unheimlichen Fähigkeiten – und in Shakespeares Augen eine der hervorstechendsten Eigenschaften des Tyrannen – ist die Fähigkeit, in den Geist der ihn Umgebenden einzudringen, ob sie ihn dort wollen oder nicht. Es ist, als habe er zum Ausgleich für den Schmerz, den er erlitten hat, einen Weg gefunden, überall und in jedem anwesend zu sein, durch Macht oder Betrug, Gewalt oder Manipulation. Niemand vermag ihn fernzuhalten.

Kapitel 5

ERMÖGLICHER

Richards Niedertracht ist für fast jeden klar zu erkennen. Sein Zynismus, seine Grausamkeit und Doppelzüngigkeit sind kein Geheimnis, es gibt nicht den geringsten Hinweis darauf, dass er sich bessern könnte, und keinen Grund zu glauben, er könne das Land je wirksam regieren. Die Frage, die das Stück nun untersucht, ist, wie ein solcher Mensch tatsächlich auf den Thron geraten konnte. Shakespeare deutet an, dass diese Leistung vom verhängnisvollen Zusammenspiel unterschiedlicher, aber gleichermaßen selbstzerstörerischer Reaktionen der Menschen abhing, die ihn umgaben. In der Summe haben diese Reaktionen das kollektive Versagen eines ganzen Landes zur Folge.

Einige wenige Figuren werden von Richard wirklich getäuscht, sie glauben seinen Behauptungen, fallen auf seine Versprechen herein und nehmen seine Gefühlsbekundungen für bare Münze. Da sie kaum etwas tun können, um Richards Aufstieg voranzutreiben oder zu verhindern – es handelt sich überwiegend um kleine Kinder, die zu unschuldig, naiv oder einfach machtlos sind, um eine wichtige Rolle im politischen Leben zu spielen –, zählen sie lediglich zu den Betrogenen und Opfern.

Es gibt auch jene, die – durch Gewaltandrohung eingeschüchtert – Angst haben und sich machtlos fühlen. »Zur Leiche mach ich den, der nicht gehorcht!«, droht Richard, und der Widerstand gegen seine ungeheuerlichen Befehle löst sich auf (*Richard III.*, I, 2, 37). Ihm hilft, dass er überaus reich und privilegiert ist, gewohnt zu herrschen, auch wenn er dabei jede moralische Norm verletzt.

Wieder andere wollen nicht verstehen, dass Richard so böse ist, wie er zu sein scheint. Sie kennen ihn als pathologischen Lügner und sehen sehr wohl, dass er diese oder jene schreckliche Tat begangen hat, aber sie neigen seltsam zum Vergessen, als koste es zu viel Mühe, sich daran zu erinnern, wie furchtbar er tatsächlich ist. Es zieht sie unwiderstehlich dahin, das nicht Normale für normal zu erklären.

Eine andere Gruppe besteht aus denen, die zwar nicht völlig vergessen, was für eine erbärmliche Kreatur Richard ist, aber dennoch darauf vertrauen, alles werde weitergehen wie gewohnt. Sie überreden sich selbst, dass sozusagen immer genug Erwachsene im Raum sein werden, um sicherzustellen, dass Versprechen gehalten, Bündnisse anerkannt und zentrale Institutionen respektiert werden.

Richard ist für die höchste Machtposition so offensichtlich und grotesk unqualifiziert, dass sie ihn aus ihren Gedanken verbannen. Sie konzentrieren sich stets auf etwas anderes, bis es zu spät ist. Sie erkennen nicht schnell genug, dass das scheinbar Unmögliche wirklich geschieht. Die Struktur, auf die sie sich verlassen haben, erweist sich als unerwartet zerbrechlich.

Zu einer unheilvolleren Gruppe gehören die, die sich einreden, sie könnten von Richards Aufstieg zur Macht profitieren. Wie fast alle anderen sehen sie sehr genau, wie zerstörerisch er ist, sind aber zuversichtlich, von der Flut des Bösen nicht erfasst zu werden oder einen Vorteil daraus ziehen zu können. Diese Verbündeten und Anhänger – Hastings, Catesby und vor allem Buckingham – ermöglichen ihm, Schritt für Schritt emporzusteigen, sind an seiner Schmutzarbeit beteiligt und betrachten die wachsende Zahl der Opfer mit kühler Gleichgültigkeit. Einige dieser zynischen Komplizen werden mit als Erste untergehen, sobald Richard sie benutzt hat, um sein Ziel zu erreichen.

Schließlich ist da noch die buntgemischte Menge jener, die seine Befehle ausführen – manche widerwillig, um sich Ärger zu ersparen; andere freudig, weil sie hoffen, dass etwas für sie abfällt; wieder andere, weil sie das grausame Spiel genießen, seine Gegner, die oft oben in der sozialen Hierarchie stehen, leiden und sterben zu lassen. Dem aufstrebenden Tyrannen fehlt es nie an solchen Leuten, weder bei Shakespeare, noch, soweit ich sehe, im wirklichen Leben. Natürlich könnte es eine Welt geben, wo so etwas nicht geschieht. Eine solche Welt stellte sich einmal Montaignes Freund Étienne de la Boétie vor, in ihr würde der Diktator einfach durch breiten, gewaltlosen Ungehorsam fallen. Er würde ein paar Erdbeeren oder ein paar Hinrichtungen fordern, und niemand würde einen Finger rühren. Doch Shakespeare scheint eine solche Gandhi vorwegnehmende Idee als hoffnungslos illusorisch angesehen zu haben. Er glaubte, der Tyrann werde stets willige Vollstrecker finden, Männer, von denen Hamlet sagt: »Sie buhlten ja um diesen Auftrag« (*Hamlet*, V, 2, 56).

Der Versuch, eine Typologie von Ermöglichen zu erstellen, birgt die Gefahr, den zwingendsten Aspekt von Shakespeares dramatischem Genie zu übersehen: nicht die Konstruktion abstrakter Kategorien oder eines Kalküls, um den Grad von Mittäterschaft zu berechnen, sondern die eindrückliche Vorstellung gelebter Erfahrung. Angesichts der tiefen Verunsicherung, die Richards Machtstreben hervorgerufen hat, der verwirrenden Signale und des völlig ungewissen Ausgangs, sind Menschen gezwungen, sich zwischen unzulänglichen Alternativen zu entscheiden. *Richard III.* stellt Männer und Frauen dar, die unter unsäglichem Druck bange Berechnungen anstellen und schicksalhafte Entscheidungen treffen und dabei in den Strudel von Gemütsbewegungen zu geraten drohen, die sie nicht kontrollieren können. In der Fähigkeit, diese Zwangslagen mit Leben zu erfüllen, besteht die Macht großen Theaters.

Ganz außen im Kreis der Mittäter stehen jene, die trotz allem, was sie gehört oder selbst gesehen haben, immer noch auf Richards Versicherungen vertrauen. Solchen Menschen ist es geradezu unmöglich, sich der dicken, dreisten, schamlos wiederholten Lüge zu entziehen. Die Jungen und Unerfahrenen sind ein verhältnismäßig leichtes Ziel. Als der Sohn des ermordeten Clarence hört, die zur Schau gestellte Trauer seines Onkels Richard sei nur vorgetäuscht, erwidert das Kind: »Ich kann's nicht glauben« (II, 2, 31-33). »Ich kann's nicht glauben« ist das Motto derer, denen solche Bosheit einfach nicht in den Kopf will. Und was sollte der kleine Waisenjunge auch mit der grausamen Desillusionierung anfangen, mit der ihn seine Großmutter konfrontiert?

Jugend ist nicht das Einzige, was verhängnisvolle Leichtgläubigkeit befördert. Und so sticht denn auch unter denen, die auf Richards falsche Freundschaftsbekundungen vertrauen, nicht ein Kind hervor, sondern sein abgebrühter, erfahrener und politisch gewiefter älterer Bruder Clarence. Der dritte Teil von *Heinrich VI.* hatte Clarence' strategische Seitenwechsel während der Rosenkriege vorgeführt. Von daher ist er vollkommen in das Gewebe von Heuchelei, Verrat und Gewalt eingesponnen und hatte jede Gelegenheit, seinen gefährlichen Bruder in Aktion zu sehen. Warum sollte er Richards Hilfsangeboten vertrauen, als er plötzlich festgenommen und in den Tower gebracht wird?

Die Antworten darauf führen uns zu mehreren zentralen Gründen, warum sonst gerissene politische Akteure sich von einem so offensichtlichen Schuft übertölpeln lassen und dadurch seinen völlig undenkbaren Aufstieg zum Thron möglich machen. Die Ereignisse überschlagen sich. In seinem Eröffnungsmonolog enthüllt Richard:

> Komplotte fing ich an, gewagte Schritte,
> Durch trunkne Weissagungen, Schmähungen und
> Träume,
> Um meinen Bruder Clarence und den König
> In Todeshaß aufnander loszuhetzen.
> (I, 1, 32-36)

Im nächsten Augenblick sehen wir, wie Clarence zum Tower abgeführt wird. In einem kurzen Gespräch unter den Augen der Wache versichert Richard ihn rasch seines Mitgefühls und behauptet, die Festnahme gehe nicht vom König aus – der schließlich ihr Bruder ist –, sondern von der Königin. So sieht sich Clarence in eine beängstigende und komplexe politische Situation geworfen, die schwer zu entwirren ist: Da ist die Grundspannung zwischen ihm und seinem Bruder Edward, weil Clarence seinen Aufstieg zum Thron nicht rückhaltlos unterstützt hat; da ist, wie nicht anders zu erwarten, ein Machtkampf zwischen der Familie der Königin auf der einen Seite und der des Königs auf der anderen; und da ist auch noch die Geliebte des Königs, Jane Shore, ein Einfluss von außen, mit dem zu rechnen ist. Wie soll der Gefangene all das unter dem Druck einer sich rasch entfaltenden Krise durchschauen? Könnte er sich Richards wahnsinnigen Plan vorstellen, jeden zu ermorden, der zwischen ihm und dem Thron steht, so würde ihm alles klar, aber ohne diesen Schlüssel ist alles undurchsichtig.

Richard hält ihm den Köder brüderlicher Solidarität hin: »Wir sind nicht sicher, Clarence, sind nicht sicher!« (I, 1, 70), und Clarence beißt an, weil er auf die Macht menschlicher Urinstinkte wie Familienloyalität vertraut. Wir wissen, dass es viel sicherer gewesen wäre, an das Mitleid des Königs, seiner Gattin oder seiner Geliebten zu appellieren, aber in dieser Verwirrung kann er nicht klar sehen. Wie wir bald erfahren werden, ist sein Geist zusätzlich von Schuld umwölkt, dem Bewusstsein der moralischen Kompromisse, die er früher gemacht hat. Damit steht er nicht allein. In diesem Stück gibt es kaum moralisch unbelastete Lebensläufe. Fast jede Figur kämpft mit schmerzhaften Erinnerungen an Lügen und gebrochene Versprechen, und diese Erinnerungen machen es für sie noch schwerer, die größte Gefahr zu erkennen.

Und dennoch hat Clarence eine Ahnung von der tödlichen Gefahr, die von Gloucester ausgeht (wie er seinen Bruder Richard, den Herzog von Gloucester, nennt); allerdings existiert diese Ahnung nur in seinen Träumen. In einer bemerkenswerten Szene im Tower erwacht der Gefangene aus unruhigem Schlaf und erzählt dem Kerkermeister von dem schrecklichen Traum, den er gerade hatte. Es begann mit einer Fluchtvision:

> Mir war, ich wär vom Tower ausgebrochen
> Und schon zu Schiff zur Abfahrt nach Burgund;
> Und zur Begleitung mir mein Bruder Gloucester,
> Der mich aus der Kajüte lockte raus aufs Deck
> Spaziern zu gehen.
> (I, 4, 9-13)

An diesem Punkt schlägt der Traum jäh in einen Albtraum um:

> Wie wir so promeniern
> Auf schwindelnd schlingerigem Plankendeck,
> War mir, daß Gloucester stolperte und fallend
> Mich, der ihn halten wollte, über Bord
> Stieß ins wildtaumelnde Gewog des Meers.
> O Gott! Wie mir die Qual des nassen Tods erschien.
> (I, 4, 16-21)

Fast alles ist da: In seinem Unterbewussten begreift Clarence, dass sein Bruder sich aufrecht hält, indem er die Menschen um sich herum niederstreckt, und sogar dass er die Ursache seines Todes sein wird. Doch er erfasst weder Richards Heimtücke noch sein Motiv. Im Traum ist es bloß ein schrecklicher Unfall.

Wenige Minuten später – nicht im Traum, sondern im Wachen – erscheinen zwei von Richard gedungene Mörder im Tower. Da Clarence annimmt, sie seien von seinem Bruder Edward geschickt, glaubt er, er könne sich durch Richards Treue retten: »Und ich schick euch zu meinem Bruder Gloucester,/Der bessern Lohn euch bietet für mein Leben/Als Edward für die Nachricht meines Tods.« Doch der eine Mörder erwidert: »Sie irren sich: Ihr Bruder Gloucester haßt Sie.« Gegen diese schreckliche Wahrheit sperrt sich Clarence: »Oh nein, er liebt mich, und er schätzt mich hoch,/ Geht ihr von mir zu ihm.« Mit grimmigem Humor gibt der Mörder zurück: »Das werden wir«, sticht zu und ertränkt ihn in einem Weinfass, dann eilt er fort, um seine Belohnung von Richard zu erhalten (I, 4, 228-233).

Im Rückblick hat Clarence' Traum eine schreckliche prophetische Kraft, die auch seinen Tod durch Ertrinken umfasst, aber sein Sinn weist über diese einzelne Ironie hinaus. Er zeigt etwas von allgemeiner Bedeutung über den Aufstieg der Tyrannei: ihre beängstigende Fähigkeit, den Geist im Schlaf zu durchdringen, so wie sie auch den Körper durchdringen kann. In *Richard III.* sind Träume keine dekorativen Einlagen oder flüchtige Einblicke in eine Einzelpsyche. Sie sind unverzichtbar für das Verständnis, wie die Macht eines Tyrannen in und als jedermanns Albtraum existieren kann. Und der Tyrann hat die Macht, Albträume wahr zu machen.

Nur im Traum kann Clarence sehen, was sein Bruder wirklich vorhat. Im Wachen und sogar angesichts der Mörder kann er sich nicht eingestehen, dass er von jemandem verraten wurde, der »mein Geschick/Beweint und mich gedrückt und schluchzend mir/Geschworn, er würd sich mühn um Auslösung« (I, 4, 244-246).

Nicht jeder im Stück schottet sich so vor der Wahrheit ab, die in Träumen verborgen liegt. Um vier Uhr früh klopft ein Bote an die Tür des mächtigen Lord Hastings, um zu berichten, Lord Stanley habe einen Albtraum gehabt: »Heut Nacht hätt im Traum/Der Eber ihm den Wappenhelm zerfetzt« (III, 2, 9-10) – Stanley träumte also, Richard habe ihm den Kopf abgeschlagen. Hastings tut das Omen ab. »Sag, seine Furcht wär lachhaft, ohne Grund«, befiehlt er dem Boten. »Und dann sein Traum, ich staun, wie simpel er/Dem Spottgebräu unruhigen Schlafs vertraut.« In Panik zu flüchten, würde nur Verdacht erregen:

> Den Eber fliehn, bevor der Eber stürmt,
> Hieß, erst den Eber nach uns aufzureizen,
> Zur Hatz ihn führn, wo er an Jagd nicht dachte.
> (III, 2, 24-29)

Hastings rät, es sei sicherer, nichts zu tun. Wie sich aber herausstellt, kann der furchtsame Stanley am Ende sein Leben retten, während Hastings der Kopf abgeschlagen wird.

Doch warum sollte Hastings, der Richards Skrupellosigkeit aus der Nähe beobachtet hat, in die Falle gehen? Die Antwort ist, dass der ehrgeizige Mann meint, er könne diese Skrupellosigkeit nutzen, um sich seiner Hauptrivalen am Hof zu entledigen. Die mögliche Gefahr ist ihm nicht unbekannt, aber er glaubt, sich ausreichend dagegen abgesichert zu haben, weil er sich Richard gegenüber früher nützlich machte und weil er Kontakte zu Verbündeten in Schlüsselpositionen pflegt, die ihn warnen können, wenn der Wind gefährlich umzuschlagen droht. Der wichtigste dieser Verbündeten ist »Catesby, der mein Freund ist«, daher hat Hastings keinen Zweifel, dass »nichts, was uns betrifft, geschehen kann,/Wovon ich keine Nachricht haben werd« (III, 2, 21-23).

Hastings begreift jedoch nicht, dass er seinen Informanten Catesby, der eigene Interessen verfolgt, wohl weniger in der Tasche hat, als er meint. Gleich darauf folgt ein Dialog, in dem Catesby, der die Nachricht vom Tod mehrerer Feinde Hastings' überbringt, dessen Bereitschaft auslotet, Richard bei der Machtergreifung zu unterstützen. Da Hastings' Loyalität dem jungen Sohn des verstorbenen Königs gilt, lehnt er entschieden ab, ohne zu ahnen, dass er damit sein Schicksal besiegelt hat; er denkt nur an den Sturz seiner Rivalen. Für die kommenden Wochen sieht er weitere Triumphe für seine Interessen voraus, Triumphe, die er alle seiner Freundschaft und Zusammenarbeit mit Richard zu verdanken haben wird: »Nun, Catesby, eh ich vierzehn Tage älter bin,/Jag ich ein paar hier fort, die's noch nicht ahnen« (III, 2, 59-60). Doch natürlich ist er selbst es, der nichts ahnt. In einer erschreckenden Szene schaltet Richard ihn aus, als wäre er ein Ärgernis, das noch vor dem Essen beseitigt werden muss: »Kopf ab, sofort! Jetzt bei Sankt Paul, ich schwör,/Ich eß nicht Mittag, bis man mir den bringt« (III, 4, 76-77).

Der Tyrann gibt den Befehl, führt ihn aber selbstverständlich nicht selbst aus. Und er verfügt über viel mehr Kollaborateure als den Mann mit der Axt. Der Raum, in dem Richard seine Befehle erteilt, ist voller mächtiger Männer, die um einen Tisch sitzen. Stanley – der den Albtraum hatte – ist ebenso dort wie der Herzog von Buckingham, der Bischof von Ely, Sir Richard Ratcliffe, Sir Francis Lovell, der Herzog von Norfolk und andere. Sie alle kennen Hastings seit Jahren und wissen, dass der gegen ihn erhobene Vorwurf des Verrats – Hexerei, um Richards Arm zu verkrüppeln – völlig absurd ist, denn Richards Arm ist von Geburt an entstellt. Einige, wie Buckingham und Catesby, sind schon in das Komplott gegen Hastings eingeweiht; andere wie Ratcliffe und Lovell machen bereitwillig bei allem mit, was der Tyrann befiehlt; wieder andere sind einfach erleichtert, dass sie das Beil des Henkers nicht ereilt.

Alle tragen Mitverantwortung, selbst die, die schweigen und meinen, sie seien dadurch frei von Schuld. Früher im Stück erhält der Kommandant des Tower, Sir Robert Brakenbury, den schriftlichen Befehl, seinen Gefangenen Clarence den beiden gefährlich aussehenden Männern zu übergeben. Ihre Absicht ist auf den ersten Blick klar. Brakenbury weiß genau, dass sein Gefangener kein Gerichtsverfahren hatte, ob fair oder nicht, aber übergibt den Mördern die Schlüssel, ohne Fragen zu stellen oder zu protestieren. »Ich will nicht forschen, was all dies hier meint,/Denn ich will schuldlos am Gemeinten sein« (I, 4, 93-94). Durch vielfältige Handlungen dieser Art ermöglichen angesehene Leute, die »schuldlos am Gemeinten« sein wollen, die Tyrannei.

Eine Reihe von Morden räumt die wichtigsten tatsächlichen oder denkbaren Hindernisse für Richards Machtergreifung aus dem Weg. Auffallend ist aber, dass Shakespeare die eigentliche Thronbesteigung des Tyrannen nicht als direktes Resultat von Gewalt darstellt. Vielmehr kommt sie durch eine Wahl zustande. Um ein Mandat des Volkes zu bekommen, führt Richard eine politische Kampagne durch, mit allem, was dazugehört: eine heuchlerische Darbietung religiöser Frömmigkeit, die Beleidigung von Gegnern und die maßlose Übertreibung der Bedrohung für die nationale Sicherheit.

Warum eine Wahl? Dass Shakespeare sich an seine Quellen hielt, vor allem Thomas Morus' *Geschichte Richards III.*, reicht als Erklärung nicht aus. Er scheute sich nie, Kürzungen und Änderungen vorzunehmen, wenn es ihm passte. (Das Stück fasst Ereignisse zusammen, die in der Realität viel länger dauerten, so ist Richards Mordkomplott gegen seinen Bruder Clarence [1478] geschickt mit seinem zynischen Werben um Lady Anne [1472] verbunden, das wiederum so dargestellt ist, als hätte es sich während der Leichenprozession für König Heinrich VI. ereignet [1471].) Da die Zeitgenossen Elisabeths in einer Erbmonarchie, keiner Wahlmonarchie lebten, hätte es für Shakespeare durchaus zweckmäßig sein können, diesen Aspekt der Geschichte bei Morus herunterzuspielen oder zu streichen. Stattdessen rückte er die Wahlszene ins Zentrum des Stücks.

Die »Bürger« – das einfache Volk – haben Gerüchte gehört, der König sei gestorben und habe die Krone seinem kleinen Sohn unter der Vormundschaft seiner Onkel vererbt. Für Menschen, die stets Grund haben, einen Regimewechsel mit Unruhe zu betrachten, ist das kein gutes Omen: »Wehe dem Lande; das ein Kind regiert«, sagt einer (II, 3, 11). Normalerweise können einfache Untertanen herzlich wenig tun, außer sich auf das gefasst machen, was kommen mag. Derselbe Beobachter bemerkt: »Wenn Wolken aufziehn, zieh den Mantel an« (II, 3, 32). Doch in diesem Fall werden sie in ein komplexes politisches Spiel hineingezogen, in dem man sie auffordert, die Thronfolge zu ändern, den Sohn des Königs abzulehnen und stattdessen Richard zu wählen.

Mithilfe von Buckingham, praktisch sein Chefstratege und Wahlkampfmanager, verbreitet Richard zunächst die Lüge, sie hätten eine Verschwörung von Hastings zum Sturz der Regierung durchkreuzt. Nur rasches Handeln und die sofortige Hinrichtung des Verräters haben den Staat gerettet. In dieser Notlage könne es keine öffentliche Erörterung von Beweisen und keine »Form des Rechts« geben, wie Richard den Lord Mayor von London wissen lässt. Als Hastings' abgeschlagener Kopf hereingebracht wird, erklärt Buckingham, dass der Bürgermeister – hätten die Patrioten den Verbrecher nicht in »gutgemeinter Hast« enthauptet – mit eigenen Ohren das Geständnis des Verräters hätte hören und den Bürgern die ganze Geschichte bestätigen können. »Doch, bester Herr«, versichert der fügsame Bürgermeister, »Eur Hoheit Wort gilt grad,/Als hätt ich selbst ihn reden hörn und sehn« (III, 5, 61-62).

Richard und sein Komplize brüsten sich mit ihrem schauspielerischen Talent, das es ihnen leicht macht, die Rolle von Männern zu übernehmen, die knapp einem teuflischen Komplott entkommen sind. So prahlt Buckingham:

> Pah, ich nehm's auf mit jedem Großtragöden,
> Red und schau rückwärts und seh wild umher,
> Zitter und zuck, wenn nur ein Strohhalm wackelt,
> Zum Zeichen tiefen Mißtrauns.
> (III, 5, 5-8)

Und ebenso virtuos verstehen sie sich darauf, gerade die richtige Mischung aus Freundlichkeit und Bedrohlichkeit zu vermitteln, die nötig ist, um sich die Mitarbeit von Staatsdienern wie dem Lord Mayor zu sichern. Doch es ist keinesfalls sicher, dass die Vorstellung irgendjemanden täuscht. Kurz nach dem Gespräch mit dem Bürgermeister hat Shakespeare eine sehr knappe – nur vierzehn Zeilen lange – Szene eingefügt, in der ein namenloser Schreiber über ein juristisches Dokument murrt, das er gerade kopiert hat. Das Dokument ist die Anklage gegen Hastings, und während der Schreiber über den Ablauf der Ereignisse nachdenkt, begreift er leicht, dass die Vorwürfe lange im Voraus fabriziert wurden, als Hastings noch »frei, sicher, unbescholten, nicht verklagt« war. Die ganze Sache ist erlogen, um den widerrechtlichen Mord an einem Feind Richards zu verbergen. »Wer ist so blöd/Und sieht nicht diese plumpe Machenschaft?/Doch wer so dreist und sagt, daß er sie sieht?«, fragt der Schreiber (III, 6, 9-12).

Wozu aber dann das ganze Theater – über die angebliche Verschwörung und die zurückdatierte Anklage hinaus auch Richards Maske der Frömmigkeit, seine vorgebliche Abneigung zu herrschen, die verleumderische Unterstellung, der junge König sei unehelich geboren, und all die anderen Lügen? Nicht nur der Schreiber durchschaut den Betrug. Der erste Versuch, beim Volk um Unterstützung für Richards Thronanspruch zu werben, scheitert; die Wähler fügen sich einfach nicht. Ganz im Gegenteil, berichtet Buckingham: »Sie sagten nicht ein Wort,/Starrten einander an nur, stumm wie Statuen,/Lebende Steine, und warn leichenblaß« (III, 7, 24-26).

Mögen die Lügen auch keine starke Zustimmung finden, so haben sie doch eine Wirkung. Das Trommelfeuer der Lügen drängt Skeptiker an den Rand, sät Verwirrung, bringt Widerspruch zum Schweigen, der sich sonst vielleicht geregt hätte. Ob aus Gleichgültigkeit, aus Angst oder weil sie dem verhängnisvollen Irrglauben erliegen, es gebe keinen echten Unterschied zwischen Richard und den Alternativen, leisten die Bürger keinen Widerstand. Ein zweiter Versuch, ihre Stimmen zu bekommen, ist dann erfolgreicher. Auf Buckinghams Ruf »Lang lebe Richard, Englands großer König!« antworten sie »Amen« (III, 7, 239-240).

Vielleicht fiel es Shakespeare schwer zu entscheiden, wie viel populäre Unterstützung es für den Aufstieg des Tyrannen wirklich gab. Es existieren zwei Texte von *Richard III.*, die beide als autorisiert gelten können. In der preiswerten, zu Lebzeiten des Dichters erschienenen Quarto-Ausgabe ruft nur der Bürgermeister »Amen« auf Buckinghams »Lang lebe Richard!« (Quarto, III, 7, 218-219); in der Folio-Gesamtausgabe, die sieben Jahre nach Shakespeares Tod erschien, sind es »Alle«, die »Amen« rufen (Folio, III, 7, 238-239). In der einen Version äußert also nur der Lockvogel des Tyrannen seine Zustimmung, in der anderen die gesamte Menge.

Diese Mehrdeutigkeit scheint Shakespeares Auffassung von Richard eingeschrieben zu sein. Besitzt er trotz seiner Hässlichkeit nicht auch eine gewisse Anziehungskraft? Gibt es einen Moment, in dem die Menge ihn tatsächlich unterstützt, oder ist es lediglich ein Komplott? Sind seine Lügen irgendwie immer noch wirksam, obwohl die Leute sie durchschauen? Die Wahl ist nur der Höhepunkt eines seltsamen

Hochseilaktes, der fast von Anfang an aufgeführt wird, am bemerkenswertesten in der berühmten Szene, in der Richard sich Lady Anne aufdrängt, die seinen Schmeicheleien unter allen Menschen auf der Welt am wenigsten erliegen sollte. Lady Anne hat allen Grund, ihn zu hassen, denn er hat nach Shakespeares Darstellung sowohl ihren jungen Ehemann als auch dessen Vater, König Heinrich VI., ermordet. Als der Mörder buchstäblich über Heinrichs Leiche um sie wirbt, verflucht Anne ihn und spuckt ihm, instinktiv Ekel und Abscheu bekundend, ins Gesicht. Doch am Ende der Szene hat sie Richards Ring angenommen und praktisch eingewilligt, ihn zu heiraten.

Schauspieler können diese Szene ganz unterschiedlich spielen. Angesichts des Ungeheuers verletzlich und machtlos, hat Anne praktisch keine Wahl. Sie kann aber auch, trotz ihres Ekels und der Angst vor Richard, seltsam fasziniert von ihm erscheinen, irgendwie erregt, selbst während sie sich höchst aggressive Wortwechsel mit ihm liefert. Am Schluss dieses intensiven Hin und Her, nachdem sie mehrfach ihrer Verachtung für seine Liebesbekundungen Ausdruck verliehen hat, flucht Anne nicht mehr, sondern grübelt: »Ich wollt, ich säh dein Herz« (I, 2, 196). Und Richard frohlockt, als sie die Bühne verlässt: »Wurd je ein Weib in solchem Sinn geworben?/Wurd je ein Weib in solchem Sinn gewonnen?« In seinen Worten gab es keine Spur von Zärtlichkeit oder Wahrheit. »Ich will sie haben, doch behalten nicht so lang«, sinniert er kühl (I, 2, 232-234). Richard ist unfähig zu lieben, und er wird sie, wie angekündigt, bald beiseiteräumen. Doch seine Macht, sein Reichtum und seine pure Dreistigkeit erlauben es ihm, sich einen Menschen zu nehmen, den er haben will, selbst wenn dieser ihn abstoßend findet. Das zählt für ihn als Vergnügen.

Aus welchem Blickwinkel nimmt das Publikum dieses Treiben wahr, das halb Vergewaltigung, halb Verführung ist? In dem Maß, wie die Schauspielerin etwas anderes ausdrückt als puren Abscheu, zeigt Anne die eigentümliche Erregung, die Richard bei den meisten Zuschauern erzeugt. Das Stück fordert nicht zur rationalen Identifikation mit Richards politischer Absicht auf, aber es erweckt eine gewisse Mitschuld beim Publikum, die Mitschuld derer, die ein flüchtiges Vergnügen in der Befreiung von aufgestauten Aggressionen finden, am schwarzen Humor des Ganzen, dem offenen Aussprechen des Unaussprechlichen. »Ihr weint Mühlsteine wie die Tölpel Tränen«, sagt Richard zu den Männern, die er gedungen hat, um seinen Bruder zu ermorden. »Ich mag euch, Kerls« (I, 3, 353-354).

Innerhalb des Stücks wird Richards Aufstieg durch verschiedene Grade der Mitschuld der Menschen um ihn herum ermöglicht. Im Theater aber sind wir es, die Zuschauer im Publikum, die in eine merkwürdige Form der Kollaboration gelockt werden. Wieder und wieder sind wir von der Ungeheuerlichkeit des Schurken bezaubert, von seiner Gleichgültigkeit gegenüber den üblichen Normen menschlichen Anstands, von den Lügen, die zu wirken scheinen, obwohl niemand sie glaubt. Wenn Richard uns von der Bühne herab ansieht, lädt er uns nicht nur ein, seine hämische Verachtung zu teilen, sondern auch selbst zu erfahren, was es heißt, dem zu erliegen, das wir als abstoßend erkennen.

In seiner munteren Bosheit und seinem perversen Humor hat Richard seit über vier Jahrhunderten das Publikum verführt. Eine der seltenen Anekdoten, die aus Shakespeares Zeit überlebt hat, legt nahe, dass diese Verführung schon sehr früh begann. 1602 schrieb ein Londoner Jurastudent namens John Manningham eine derbe Geschichte in sein Tagebuch:

> Als Burbage einmal Richard III. spielte, verguckte sich eine Bürgersfrau so sehr in ihn, dass sie ihm, bevor sie das Theater verließ, sagte, er solle diese Nacht unter dem Namen Richard III. zu ihr kommen. Shakespeare, der das Gespräch mit anhörte, ging vorher hin, wurde empfangen und war am Zug, ehe Burbage kam. Als man Nachricht schickte, dass Richard III. an der Tür sei, ließ Shakespeare antworten, Wilhelm der Eroberer sei vor Richard III. gekommen.[18]

Wie die meisten Geschichten über Prominente sagt auch diese wohl mehr über die aus, die sie erzählten, als über die, die sie beschreibt. Sie legt aber zumindest nahe, dass Richard Burbage, der berühmte Schauspieler, der als Erster Richard III. spielte (wie auch Romeo und Hamlet), durch seine Schurkenrolle nichts von seinem Glanz verloren hatte.

Von Anfang an scheint das Stück starkes Interesse erregt zu haben. *Richard III.* wurde 1592 oder 1593 uraufgeführt und zu Shakespeares Lebzeiten nicht weniger als fünfmal in Quarto-Ausgaben gedruckt. Seine finstere Hauptfigur – ein »krumm gebrandmarkt dreckwühlendes Schwein«, »die Höckerkröte voller Gift« (I, 3, 228, 246), der herzlose Köter, der nach seinen eigenen Worten »entstellt« und »unfertig« in die Welt geschickt wurde (I, 1, 20) – hat auf Generationen von

Schauspielern, Theaterbesuchern und Lesern seltsam unwiderstehlich gewirkt. Etwas in uns genießt jede Minute seines schrecklichen Aufstiegs zur Macht.

Kapitel 6

TRIUMPH DER TYRANNEI

Es liegt ein Hauch von Komödie im Aufstieg des Tyrannen, so katastrophal er auch sein mag. Die Menschen, die er beiseitegeschoben und niedergetrampelt hat, sind selbst meist kompromittiert, zynisch oder korrupt. Auch wenn sie ein schreckliches Schicksal trifft, ist es befriedigend zu sehen, dass sie bekommen, was sie verdienen, und während wir dem Ränkeschmied zuschauen, wie er sich nach oben poltert, intrigiert und schwindelt, sind wir eingeladen, eine Art Urlaub von der Moral zu nehmen.

Sobald Richard aber sein Lebensziel erreicht – am Ende des dritten Akts von Shakespeares Stück –, erstirbt das Lachen schnell. Ein Großteil des Vergnügens über seinen Aufstieg kam von dessen Unwahrscheinlichkeit. Nun erweist sich die Erwartung, dass der Erfolg nie abreißen wird, als groteske Täuschung. Obwohl er wie ein Wunder von dunkler Effizienz erschien, ist Richard nicht darauf vorbereitet, ein Land zu vereinigen und zu führen.

Der Triumph des Tyrannen beruht auf Lügen und falschen Versprechungen, die sich um das gewaltsame Ausschalten seiner Rivalen spinnen. Die raffinierte Strategie, die ihn auf den Thron bringt, stellt kaum eine Vision für das Königreich dar; und Ratgeber, die ihm helfen können, eine zu formulieren, hat er nicht um sich versammelt. Er kann – zumindest für den Augenblick – auf die Fügsamkeit von so beeinflussbaren Würdenträgern wie dem Londoner Bürgermeister und ängstlichen Beamten wie dem Schreiber zählen. Der neue Herrscher besitzt weder administrative Fähigkeiten noch diplomatisches Geschick, und niemand in seinem Gefolge kann ersetzen, was ihm offenkundig fehlt. Seine eigene Mutter verachtet ihn. Seine Frau Anne fürchtet und hasst ihn. Zynische Strippenzieher wie Catesby und Ratcliffe eignen sich kaum als Staatsmänner. Obwohl sie sozial höher stehen, unterscheiden sie sich wenig von den Gangstern, die für Richard die Schmutzarbeit besorgen. Lord Stanley ist eine plausiblere Figur als kluger Ratgeber – und das Stück zeigt, dass er die Wünsche des Königs widerstrebend ausführt –, aber wie sein früher Albtraum andeutet, hat er seit Langem Angst vor dem »Eber« und kann kaum als Stütze des illegitimen Regimes dienen. Heimlich steht er schon in Kontakt mit den Todfeinden des Regimes.

Der plausibelste Kandidat, um Richards Herrschaft zu stützen, ist sein langjähriger Verbündeter, Verwandter und Komplize, der Herzog von Buckingham. Der gerissene Herzog war der Drahtzieher von Richards erfolgreicher politischer Kampagne und half bei der Vernichtung einer Reihe echter oder eingebildeter Feinde. »So hoch, durch deinen Rat/Und deinen Beistand, sitzt nun König Richard«, sagt der frisch gekrönte Tyrann zu Buckingham (*Richard III.*, IV, 2, 3-4). Dieses Anerkenntnis seiner Verpflichtung leitet ein weiteres Ersuchen um Rat und Hilfe ein.

Obwohl er alle anderen außer Hörweite geschickt hat, ist

Richard zunächst etwas zurückhaltend mit seinem Wunsch. »Der junge Edward lebt, denk, was ich meine«, bemerkt er über den Erben des verstorbenen Königs, der mit seinem Bruder im Tower festgehalten wird (IV, 2, 10). Doch Buckingham weigert sich standhaft, das Ratespiel mitzumachen, dessen Sinn nicht schwer zu begreifen ist. Der zunehmend verärgerte Richard ist gezwungen, sich klar auszudrücken:

> Vetter, du warst gewöhnlich nicht so stumpf.
> Dann offen, ja? Ich will die Bankerts tot
> Und möcht das allerschleunigst ausgeführt.
> Was sagst du nun? Und jetzt sprich schnell, sprich kurz.
> (IV, 2, 17-20)

Buckinghams Antwort ist ein Muster an Kürze – »Euer Ehrn mag tun nach Wunsch« –, aber das gibt dem Tyrannen noch nicht, was er will. Wieder ist er gezwungen, die Frage direkter zu stellen, als er es gern hätte: »Sag, hab ich deinen Beifall, daß sie sterben?« Bevor Buckingham aus dem Zimmer schlüpft, drückt er sich erneut um eine direkte Antwort herum: »Ich bitt um eine Atempause, Lord,/Eh ich mich in der Sache klar entscheide« (IV, 2, 23-26).

Richard bittet Buckingham nicht, die kleinen Kinder selbst umzubringen; er weiß, dass er dafür leicht den passenden Mörder findet. Und Buckingham hat recht, dass Richard niemanden um Erlaubnis zu bitten braucht. Wenn der Tyrann seinen Hauptverbündeten um seinen »Beifall« bittet, hat das nichts mit Erlaubnis zu tun, sondern mit Komplizenschaft. In diesem kritischen Augenblick am Beginn seiner Herrschaft will und braucht er die Bestätigung, dass sein

Spießgeselle loyal ist, und diese Loyalität wird am ehesten garantiert, wenn Buckingham sich zum Komplizen eines schrecklichen Verbrechens macht. Obwohl es noch besser gewesen wäre, wenn Buckingham von sich aus die Ermordung der Kinder vorgeschlagen hätte – darum Richards anfängliche Zurückhaltung –, genügt sein bloßer »Beifall« als Garantie. Buckingham weicht jedoch aus, und Richard ist verärgert. »Der König zürnt, seht nur, er beißt die Lippe«, bemerkt Catesby, der von Weitem zugesehen hat (IV, 2, 27).

Der kurze Dialog führt mehrere Schlüsselaspekte der Tyrannenherrschaft ein, so wie Shakespeare sie sah. Für den Tyrannen gibt es bemerkenswert wenig Befriedigung. Er hat zwar die Stellung erreicht, nach der er strebte, aber die Fähigkeiten, die ihm dabei halfen, sind keineswegs dieselben, die zu einer erfolgreichen Regierung nötig sind. Welche Freuden er sich auch immer ausgemalt haben mag, sie werden nun von Frustration, Zorn und nagender Angst vertrieben. Außerdem ist der Besitz der Macht nie sicher. Immer muss noch etwas anderes getan werden, um seine Stellung zu stärken, und da er sein Ziel durch Verbrechen erreicht hat, sind zwangsläufig weitere Verbrechen nötig. Der Tyrann ist von der Loyalität seines inneren Kreises besessen, kann sich aber nie sicher sein, dass er sie besitzt. Die einzigen Menschen, die bereit sind, ihm zu dienen, sind eigennützige Halunken wie er selbst; jedenfalls hat er kein Interesse an aufrechter Loyalität oder leidenschaftslosem, unabhängigem Urteil. Was er will, ist Schmeichelei, Bestätigung und Gehorsam.

»Der Cassius dort blickt hungrig drein und hager;/Der denkt zuviel: so Menschen sind gefährlich«, bemerkt Shakespeares Julius Cäsar. Antonius sucht ihn zu beruhigen – »der ist nicht gefährlich« –, aber Cäsar ist nicht überzeugt: »Er liest viel,/Und er beobachtet genau, und er durchschaut/Menschliches Tun sehr wohl.« Das sind keine Eigenschaften, die Männer wie Cäsar in ihrer Nähe wollen: »Laßt Männer um mich sein, die dick und fett sind,/Männer mit Glatzen und die nachts gut schlafen« (*Julius Cäsar*, I, 2, 189-200).

Auf dem Gipfel seiner Macht kommt Richard zum selben Schluss: »Nichts für mich,/Die, die mit wachen Augen in mich schaun.« Buckingham »wird vorsichtig«, fällt ihm auf, und Vorsicht ist potenziell gefährlich (*Richard III.*, IV, 2, 29-31). Als Buckingham nach seiner Denkpause zurückkehrt, schickt Richard ihn weg; er will nicht mehr wissen, ob er seinen »Beifall« hat. Und als sein alter Verbündeter darauf wiederholt nach der Belohnung fragt, die ihm für seine vielen Dienste versprochen ist, weist Richard ihn entschieden ab: »Du störst mich sehr: ich bin nicht in der Stimmung« (IV, 2, 116). Da er so viele andere verraten und in Fallen gelockt hat, kann Buckingham die unheilvollen Zeichen klar deuten und beschließt zu fliehen, um sein Leben zu retten. Seine Anstrengung ist umsonst; schließlich wird er gefasst und hingerichtet.

Nun, da Richard entschieden hat, dass er es nicht mehr riskieren kann, seine Geheimnisse mit dem früheren Vertrauten zu teilen, muss er eigene taktische Maßnahmen ergreifen: »Mir liegt viel dran, daß ich jedwede Hoffnung/Erstick, die, wenn sie wächst, mir schaden kann« (IV, 2, 58-59). Der Tyrann ist in der Tat der Feind der Hoffnung. Er findet einen vom Glück verlassenen »mißvergnügten Herrn«, der bereit ist, für »versucherisches Gold« den Mord an den beiden königlichen Neffen zu arrangieren (IV, 2, 34-36). Ihr Tod wird nur noch einen Erben des toten Königs Edward übrig lassen, eine junge Tochter, und Richard rechnet darauf, durch die Heirat mit ihr seine zerbrechliche Autorität zu stärken. »Erst ihr die Brüder morden, dann sie frein – /unsichrer Weg zum Sieg!«, grübelt er. Unsicher mag er sein, doch ohne ihn »steht mein Königreich auf sprödem Glas«. Natürlich ist er schon verheiratet, aber er befiehlt Catesby, Gerüchte zu streuen, Königin Anne sei krank. Als sogar der stets dienstbare Catesby einen Moment zögert, bebt Richard vor Ungeduld: »Schau, wie du träumst! Ich sag's noch mal, verbreit,/ Daß Anne schwer erkrankt liegt auf den Tod« (IV, 2, 56-63).

Ungeduld ist eine weitere Eigenschaft, die für Shakespeare zwangläufig die Machtausübung des Tyrannen prägt. Er erwartet, dass seine Wünsche ausgeführt werden, fast bevor er sie geäußert hat. Immer neue, meist alarmierende Entwicklungen treten ein, und die Zeit arbeitet nicht länger für ihn. Zögern ist gefährlich; alles muss in Eile getan werden, fast ohne nachzudenken. Der früher unbarmherzig effiziente Richard wirkt manchmal unaufmerksam, wie in diesem eiligen Gespräch mit seinen beiden Hauptkomplizen:

> KÖNIG RICHARD: Ein flinker Freund schnell hin zum Herzog Norfolk.
> Ratcliffe, du selber, oder Catesby – wo ist der?
> CATESBY: Hier, bester Lord.
> KÖNIG RICHARD: Catesby, flieg hin zum Herzog.
> CATESBY: Jawohl, Mylord, in größtmöglicher Eile.
> KÖNIG RICHARD: Ratcliffe, komm näher, schnell nach Salisbury.
> Wenn du dort ankommst ... (*zu Catesby*) Träger Schuft, hirnloser!

Was stehst du rum hier und rennst nicht zum Herzog?
Catesby: Erst, hoher Fürst, Ihrn allerhöchsten Wunsch,
Was ich ihm melden soll von Euer Ehrn.
König Richard: Oh, richtig, guter Catesby! Er soll gleich
Die größtmögliche Schar und Streitkraft aufstelln
Und mich in Salisbury umgehend treffen.
(IV, 4, 440-451)

Kurz darauf zeigt er eine ähnliche Mischung aus Ungeduld und Inkompetenz gegenüber Ratcliffe, und beunruhigende Nachrichten treffen ein. Eine Invasionsflotte ist vor der Küste gesichtet worden. Ein mächtiger Adliger, meldet ein Bote, sammelt Truppen gegen ihn in einem Teil des Landes; ein weiterer, so ein zweiter Bote, konzentriert Truppen in einer anderen Gegend. Zornig schlägt Richard einen dritten Boten, von dem er meint, er bringe auch schlechte Nachrichten: »Da, nimm du das, bis du was Bessres bringst« (IV, 4, 508). Doch diesmal ist die Nachricht gut. Selbst ein bedrängter Tyrann bekommt manchmal eine Atempause.

Während all das vor sich geht, treibt Richard den Plan, seine junge Nichte zu heiraten, voran und enthüllt damit eine weitere Eigenschaft, die Shakespeare mit Tyrannei verband: völlige Schamlosigkeit. Obwohl er den Mord an ihren beiden Söhnen befohlen hat, besitzt er die bodenlose Frechheit, der Königinwitwe Elisabeth vorzuschlagen, ihre Tochter zu heiraten. Er bemüht sich nicht einmal, sein Verbrechen zu leugnen; vielmehr will er den Verlust ihrer Kinder dadurch wiedergutmachen, dass er ihr Enkel schenkt!

Wenn ich die Knospen Ihres Leibs erschlug,
Zeug ich, zur Neubelebung Ihres Stamms.
Mir Erben Ihres Bluts mit Ihrer Tochter.
(IV, 4, 296-298)

Elisabeths Ekel und Abscheu beirren ihn nicht im Mindesten. Er macht einfach weiter mit seinem ungehörigen Angebot und seinen Lügen, voller Zuversicht, dass er sich alles erlauben kann. »Doch du erschlugst mir meine Kinder«, wiederholt sie, und Richards selbstbewusste Antwort macht die krankhafte Perversität seines Angebots noch deutlicher:

In deiner Tochter Schoß begrab ich sie,
Dort, wo – im Nest des Phönix – sie sich selbst
Aus sich selbst zeugen solln, zu deinem Trost.
(IV, 4, 422-425)

Als Elisabeth, um ihm zu entkommen, sich bereit erklärt, mit ihrer Tochter über das Angebot zu sprechen, ist Richard überzeugt, er habe wieder gewonnen, genau wie er früher Annes Hass überwältigte. Er glaubt, sich von jeder Frau alles nehmen zu können, was er will, sosehr sie sich sträuben mag, und dieser Gedanke hat einen Ausbruch frauenfeindlicher Verachtung zur Folge: »Wachsweiche Närrin, wendisch-seichtes Weib!« (IV, 4, 431). Doch genau zu diesem Zeitpunkt beginnt die Schlinge sich um den Hals des Tyrannen zuzuziehen. Elisabeth hat nicht vor, ihre Tochter Richard zu geben; sie steht bereits mit seinem Hauptgegner, dem Grafen von Richmond, in Verbindung, dem Anführer der Invasionsarmee, die den Tyrannen von dem Gipfel herabstürzen wird, den zu ersteigen ihm nie hätte erlaubt sein dürfen.

In einer Szene am Vorabend der Schlacht von Bosworth Field – der Entscheidungsschlacht, die Richmonds Triumph und Richards Ende bringt – gibt Shakespeare einen Einblick in eine weitere Eigenschaft, die er mit dem Tyrannen assoziiert: absolute Einsamkeit. Mit seinen Schergen Catesby und Ratcliffe kann Richard Schlachtpläne schmieden und er kann ihnen Befehle geben, aber er hat keine echte Nähe zu ihnen oder sonst irgendwem. Er muss sich eingestehen: »Und wenn ich sterb, zeigt keine Seele Mitleid/Und warum sollten sie's, da ich ja selbst/Kein Mitleid für mich selbst find in mir selbst« (V, 3, 202-204). In seinen Träumen wird Richard von den Geistern derjenigen heimgesucht, die er verraten und ermordet hat. Sie stehen für das Gewissen, das ihm so auffällig fehlt. Doch die schrecklichste Last – die Last des Ekels vor sich selbst – trägt er, wenn er wach ist und allein.

In dieser recht frühen Phase seiner Laufbahn hatte Shakespeare noch keinen durchweg überzeugenden Weg gefunden, innere Konflikte darzustellen. Das Selbstgespräch, das er für Richard schreibt, ist ein ziemlich steifer innerer Dialog, wie zwischen zwei streitenden Marionetten:

> Was fürcht ich? Mich selbst? Sonst ist keiner da;
> Richard liebt Richard, das heißt, ich und ich.
> Ist hier ein Mörder? Nein. Doch, ich bin hier!
> Dann flieh. Was, vor mir selbst? Vernunft, sag bloß, warum,
> Damit ich mich nicht räch? Was, mich selbst an mir selbst?

> Ach je, ich lieb mich selbst. Warum? Für Gutes,
> Das ich je selbst getan hätt für mich selbst?
> Oh, leider, nein, ich haß mich eher selbst.
> (V, 3, 183-190)

Wenige Jahre später sollte Shakespeare dann die Innerlichkeit erfinden, die er Brutus, Hamlet, Macbeth und anderen verleiht, und er kehrte nie zu der Schreibart zurück, die er hier praktizierte. Vielleicht vermitteln Richards schematische Worte aber nicht nur die Vorstellung eines psychischen Konflikts – ich liebe mich, ich hasse mich –, sondern auch die einer schmerzhaften Leere. Es ist, als würden wir in den Tyrannen hineinsehen und dort kaum mehr finden als ein paar vertrocknete Keime eines Selbst, die nie wachsen oder blühen durften.

Im Jahr 2012 stießen Arbeiter beim Bau eines Parkplatzes im mittelenglischen Leicester auf einen zerfallenden Sarg mit einem menschlichen Skelett. Radiokarbondatierung in Verbindung mit raffinierten genetischen Untersuchungen bekannter moderner Nachkommen der York-Sippe zeigten, dass es sich um den Leichnam Richards III. handelte. Es war eine Mediensensation. 140 registrierte Journalisten und Kamerateams aus sieben Ländern drängten sich bei einer Pressekonferenz an der University of Leicester und wurden dann feierlich in einen Raum geführt. Auf vier zusammengeschobenen Bibliothekstischen ruhten geziemend auf schwarzem Samt die Knochen des Königs, der von 1483 bis zu seinem Tod zwei Jahre später regierte, als er mit 32 Jahren auf dem Schlachtfeld fiel.

In Shakespeares Stück wird Richards Pferd unter ihm getötet – »Ein Pferd! Ein Pferd! Mein Königreich für'n Pferd!« (V, 4, 7) ruft er mehrmals aus –, und als er keines bekommt, läuft er zu Fuß übers Schlachtfeld und sucht seinen Feind Richmond. Als sie einander schließlich gegenüberstehen, entspinnt sich ein Zweikampf, und Richard fällt. »Der Tag ist unser; dieser Bluthund tot«, verkündet Richmond (V, 5, 2). In der historischen Realität fand Richard ein etwas anderes Ende, wie die unerwartet auf der Baustelle gefundenen Knochen bewiesen. Seine Schädelbasis war von einem heftigen Schlag zertrümmert, wahrscheinlich von einer Hellebarde, jener besonders schrecklichen Kombination aus Spieß und Axt, die Soldaten im späten Mittelalter zweihändig führten. Der König war also vermutlich von hinten getötet worden, und seine Knochen zeigten Spuren von sogenannten »Demütigungsverletzungen«, Stichwunden in Pobacken und anderswo, die die Sieger seiner Leiche, rasend vor Ekel, zugefügt haben mussten. Das vielleicht interessanteste Beweisstück aber, das nach über fünf Jahrhunderten ans Licht kam, ist die Wirbelsäule, gekrümmt zu einem verblüffenden S. Die Missbildung beschwor lebhaft die Figur herauf, die das weltweite Medieninteresse wirklich ausgelöst hatte: nicht den relativ unwichtigen historischen Richard, sondern den unvergesslichen Tyrannen, den Shakespeare erfunden und auf die Londoner Bühne losgelassen hatte.

Kapitel 7

DIE ANSTIFTER

Fast fünfzehn Jahre, nachdem er *Richard III.* schrieb, kehrte Shakespeare zu seiner Vision des verkrümmten Selbst zurück, das zugleich Motiv und Last der tyrannischen Macht ist. Der von seinem heimtückischen Mord an Duncan bis zu seinem elenden, verzweifelten Ende blutbefleckte Macbeth ist Shakespeares berühmtester und unvergesslichster Tyrann. Doch diesmal haben die Einsamkeit, der Selbstekel und die Leere im innersten Wesen des Tyrannen nichts mit einer körperlichen Missbildung zu tun. Macbeth benutzt die Macht nicht, um fehlende sexuelle Anziehungskraft auszugleichen; er kocht nicht vor kaum unterdrücktem Zorn; er hat nicht von Kindheit an gelernt, seine wahren Gefühle unter einer Maske der Wärme oder Frömmigkeit zu verbergen. Und sonderbarerweise will er nicht einmal von ganzem Herzen König werden.

Im Gegensatz zu Richard hat Macbeth nicht seit jeher davon geträumt, alle Hindernisse zu überwinden, um absolute Macht zu erlangen. Der unheimliche Gruß der Hexen – »Hoch, hoch, Macbeth!, der König wird dereinst mal« (*Macbeth*, I, 3, 50) – erschüttert ihn, aber er erweckt zunächst nicht Freude, sondern Furcht. Denn während Richard stolz darauf ist, dass moralische Verpflichtungen und normale menschliche Gefühle ihm nichts bedeuten – »Mitleid träntropfend wohnt mir nicht im Auge (*Richard III.*, IV, 2, 65) –, haben sie für Macbeth großes Gewicht. Er ist ein standhafter, zuverlässiger militärischer Führer, ein treuer Verteidiger der Herrschaft König Duncans. Als der glücklose Duncan beschließt, ihn zu besuchen, graust es Macbeth – trotz der in ihm erweckten Vorstellung des Verrats – bei dem Gedanken, einen Gast in seinem Haus zu hintergehen, einen König, dem er Treue geschworen, der ihn gut für seine Dienste belohnt und der seine Autorität mit beispielhafter Integrität ausgeübt hat:

> Dann dieser Duncan,
> In seiner Kronmacht war so mild, war so
> Herzrein in seinem Amt, daß seine Tugenden
> Wie Engel werden Klage schrein, posaunenzüngig vorm
> Höllentiefen Todverbechen seines Mords;
> Und Mitleid, nackt wie ein naß-neues Kind
> Rittlings auf Stürmen, oder Gottes Cherubim,
> Hoch auf den unsichtbaren Sturmrössern der Luft,
> Blasen die Schreckenstat wie Sand in jedes Auge,
> Bis Tränenflut den Sturm ersäuft.
> (I, 7, 16-25)

Diese Worte, die er nur zu sich selbst und in tiefer Unruhe spricht, sind denkbar weit von allem entfernt, was aus dem Mund Richards III. kommen könnte. Wir befinden uns in einem anderen psychologischen und moralischen Universum.

Die bloße Idee, einen Mann zu ermorden, dem er Treue geschworen hat, lässt Macbeth die Haare zu Berge stehen, sein Herz in höchster Unruhe pochen und stürzt seinen Geist in taumelnde Verwirrung:

> Mein Denken, das noch Mord nur phantasiert,
> Erschüttert so mein unteilbares Sein
> Als Mensch, das Handeln ganz erstickt im Grübeln,
> Und nichts ist, als was nicht ist.
> (I, 3, 139-142)

Obwohl er ein furchtloser Krieger ist, der seine Feinde »aufgetrennt hat bis zum Kinn/Vom Nabel« (I, 2, 22-23), zerreißt ihn der Gedanke an Verrat geradezu.

Der wahre Anstifter des Mordkomplotts ist nicht Macbeth, sondern seine Frau. Sie sieht Widerstand voraus, denn sie kennt ihren Mann gut und befürchtet, dass ihm Persönlichkeitsmerkmale fehlen, die für einen Tyrannen unverzichtbar sind. Sein Wesen ist »zu voll der Milch der Menschensgüte« (I, 5, 16), um das Nötige auszuführen. Sie ist es, die Pläne für »der Nacht/Schweres Geschäft« entwirft (I, V, 66-67); sie erklärt ihrem Ehemann, wie er sich zu verhalten hat; sie macht die königlichen Diener betrunken. Macbeth bleibt voller Zweifel und Zögern. Duncan ist schließlich der König und Macbeth sein Gastgeber, »der vor den Mördern das Tor zusperrn sollt,/Nicht selbst das Messer führn« (I, 7, 15-16).

Als die verhängnisvolle Stunde naht, versucht er die Verschwörung zu beenden – »Wir wolln nicht weitergehn in dieser Sache« –, und nur von der höhnischen Beharrlichkeit seiner Frau lässt er sich zum Weitermachen überreden. »Ja, war/Die Hoffnung denn im Vollrausch, als du sie/Dir angelegt hast?«, fragt sie ihn. »Hast du wohl Angst,/Derselbe Mann in Tat und Mut zu sein,/Der du im Wünschen bist?« (I, 7, 31-41). Macbeth entgegnet auf die Unterstellung der Schwäche: »Ich wage alles, was dem Menschen ziemt«, doch seine Frau schmettert seine Worte ab und appelliert an seine Manneskraft: »Als du's gewagt hat, warst du Mensch und Mann;/ Und mehr zu sein, als was du warst, wolltst du/So mehr ein Mann sein« (I, 7, 46-51). Der so provozierte Macbeth schreitet zur mörderischen Tat.

Lady Macbeths Sticheleien über die Männlichkeit ihres Ehemanns – seine Fähigkeit, derselbe im Handeln wie im Wünschen zu sein – bringen eine wiederkehrende Implikation der Tyrannei bei Shakespeare an die Oberfläche. Der Tyrann wird, wie sich in *Macbeth* und anderen Stücken zeigt, von einer Reihe sexueller Ängste angetrieben: dem zwanghaften Bedürfnis, seine Männlichkeit zu beweisen, der Furcht vor Impotenz, einer nagenden Besorgnis, nicht attraktiv oder mächtig genug zu erscheinen, der Angst vor dem Versagen. Daher die Neigung zum Drangsalieren, die bösartige Frauenfeindlichkeit und die explosive Gewalt. Daher auch die Verletzlichkeit gegenüber Spott, vor allem wenn er latent oder explizit sexuell ist.

Seit dem Augenblick, als die Hexen ihn begrüßten, ist Macbeth die Verkörperung des Zwiespalts gewesen, doch seine Frau beharrt darauf, dass er sich festgelegt hat und keinen Rückzieher mehr machen kann:

Ich hab gestillt und weiß,
Wie's wärmt, das Kind zu lieben, das mich trinkt:
Ich hätt, und wie's mir lächelt ins Gesicht,
Die Zitze ihm gezerrt vom weichen Gaumen

Und ihm das Hirn zu Brei zerhaun, hätt ich's
Geschworn, wie du geschworn hast.
(I, 7, 54-59)

Wider bessere Einsicht zur verräterischen Tat getrieben, äußert Macbeth einen letzten verzweifelten Vorbehalt – »Wenn wir scheiterten?« –, doch seine Frau wendet die Frage gegen ihn mit einem weiteren Stachel:

Wir scheitern?
Schraub du nur deinen Mut zum Berstpunkt hoch,
Und nichts von Scheitern dann.
(I, 7, 59-62)

Macbeths Reaktion ist erstaunlich: »Gebier nur Männer-Kinder!/Denn dein stahlkalter Webstoff sollte nichts/Als Männer formen.« Von diesem Punkt an, da er praktisch die Rolle akzeptiert, die seine Frau ihm zugewiesen hat, ist sein Schicksal besiegelt. »Ich bin dabei«, sagt er (I, 7, 73-80). Wir haben die Geburt des Tyrannen mit angesehen.

Als die Tat vollbracht ist und Macbeth die »Macht unumschränkt und Herrschaft« (I, 5, 69) erringt, zu der seine Frau ihn aufgestachelt hat, schließt sich der psychische und moralische Abgrund, der ihn von Richard trennte, rasch. Hatte ihn zuvor der bloße Gedanke an Verrat entsetzt, so bezahlt er nun Mörder, um seinen engsten Freund umzubringen. Er, der einmal das »Schoßkind des Muts« war, ein Mann ohne jede Furcht, hat plötzlich Angst vor allem: »Wo klopft das her?/Wie steht's mit mir, wenn jeder Laut mich hochjagt?« (II, 2, 19, 56-57). Er, der früher kaum seine Gedanken verbergen konnte – »Than, dein Gesicht ist wie ein Buch, wo man/Seltsames lesen kann«, warf seine Frau ihm vor (I, 5, 61-62) –, ist nun in Täuschung und Lügen verstrickt.

Ebenso wie den Lügen Richards schenkt diesen niemand rechten Glauben. »Verlogne Trauer zeigen ist ein Dienst,/ Der falschen Menschen leicht fällt«, flüstert Duncans ältester Sohn Malcolm seinem Bruder zu. Der ist seiner Meinung: »Hier im Haus,/Da lächelt jeder Dolche« (II, 3, 133-137). Wie die wachsamen Überlebenden in Richards Reich fliehen beide, um ihr Leben zu retten.

In Schottland wird unterdessen die offiziell von Macbeth ausgestreute Geschichte verbreitet: Duncan wurde von seinen Dienern ermordet, angestiftet durch seine beiden inzwischen geflüchteten Söhne. Die Diener können nicht mehr verhört werden, weil Macbeth sie getötet hat, angeblich von seiner »wilden Liebe« für den erschlagenen König hingerissen (II, 3, 197). Für das neue Regime ist es eine nützliche Fiktion, welche die offiziellen Zeremonien ermöglicht, die seiner Herrschaft einen Anschein von Legitimität verleihen. Tyrannische Macht lässt sich leichter ausüben, wenn es so scheint, als bestehe die alte Ordnung fort. Die beruhigenden, durch Konsens und Einvernehmlichkeit geprägten Strukturen mögen inzwischen ausgehöhlt und bloß noch Fassade sein, aber sie existieren noch, sodass die Beobachter, die psychische Beruhigung und ein Gefühl des Wohlbefindens brauchen, sich einreden können, die Herrschaft des Rechts sei intakt.

Macbeths Freund Banquo versteht jedoch, was vorgeht. Er hat die unheimlichen Prophezeiungen auf der Heide mit angehört und gesehen, wie sie sich Schritt für Schritt erfüllten. »Du hast es nun, ganz, König, Cawdor, Glamis, wie's/

Die Schwarzen Fraun versprachen; und ich fürcht,/Hast recht schlecht drum gespielt«, grübelt er über seinen Freund nach (III, 1, 1-3). Obwohl er ein prinzipienstarker Mann ist, schweigt Banquo und flieht auch nicht. Er ist kein Helfer wie Buckingham, aber er ist Macbeths Verbündeter und hat keinen Beweis für seinen Verdacht. Außerdem haben die Weissagungen sich auch auf ihn bezogen: »Zeugst Könige, wirst selbst auch keiner« (I, 3, 67). Wenn alles, was die Hexen für Macbeth voraussahen, eingetroffen ist, »Warum .../Solln sie nicht mein Orakel gleichfalls sein/Und Hoffnung auch für mich?« (III, 1, 8-10).

Das Verhältnis zwischen den beiden Freunden hat sich verändert. Macbeth spricht weiterhin herzlich zu ihm, als bestünde ihre alte Nähe fort, aber Banquo antwortet mit einer Förmlichkeit, die dem Unterschied, den die Krone erzeugt hat, Rechnung trägt:

Ihre Hoheit
Verfüge über mich, an die mein Pflichtsinn
Mit völlig unauflösbarm Band geknüpft
Bleibt alle Zeit.
(III, 1, 15-18)

Macbeth wiederum hat die wichtigste Lektion eines Tyrannen schon gelernt: Er kann keine echten Freunde haben. Seine scheinbar beiläufige Frage – »Sie reiten heute Mittag?« – ist das Vorspiel zu einem Komplott mit dem Ziel, seinen Freund zu ermorden. »Unsere Furcht vor Banquo/Sitzt tief« (III, 1, 19, 48-49), grübelt Macbeth, bevor er den Mördern ihre Anweisungen gibt und ihnen einschärft, auch

Banquos Sohn Fleance umzubringen. Er weiß, falls Fleance überlebt, könnte sich die Prophezeiung, dass Banquo eine Dynastie begründen wird, erfüllen. Und dann, so sein bitterer Gedanke, hätte er seinen Geist und seine Seele beschmutzt, nur um die »Brut von Banquo« zu Königen zu machen (III, 1, 69).

Das Gefühl des Tyrannen, persönlich beschmutzt zu sein, ist etwas, das Shakespeare in *Richard III.* erst zum Schluss andeutete – »ich haß mich eher selbst/Hässlichster Taten halb, begangen durch mich selbst« (V, 3, 190-191); Macbeth hingegen peinigt es von Anfang an. Und mit diesem Gefühl, das eigene Nest beschmutzt zu haben, stellt sich etwas ein, das er »Aufruhr« nennt (III, 2, 22), eine ständige, alles verzehrende Unruhe. Er projiziert diese Unruhe auf Banquo, als stünde nur er zwischen ihm und dem Glück: »Niemand als er/Der mir durch sein Da-Sein Furcht macht« (III, 1, 53-54). Doch die innere Qual, die Macbeth seiner Frau offenbart, lässt sich nicht von denen kurieren, die er für den Mord an seinem Freund angeworben hat.

Lady Macbeth weiß, dass der Seelenzustand ihres Ehemanns sie beide bedroht:

> Nichts ist gewonnen, alles ist vertan,
> Fehlt uns Zufriedenheit am End der Bahn.
> Viel sichrer, das zu sein, was wir zerstören,
> Als durch Zerstörung zweifelhaftem Glück gehören.
> (III, 2, 4-7)

Aber was genau hat sie erwartet? Tyrannei entsteht – das weiß sie, wie ihre Worte zeigen – aus Zerstörung, der Zerstörung von Menschen und eines ganzen Landes. Dass sie meinte, ihre persönliche Zufriedenheit, Sicherheit und Freude lassen sich durch dieses Mittel erreichen, steht im Einklang mit der fatalen Oberflächlichkeit, die sie äußerte, als sie sich das Blut des ermordeten Königs von den Händen wusch: »Ein wenig Wasser reinigt von der Tat« (II, 2, 66).

Die intime Bindung zwischen Ehemann und Ehefrau half bei ihrer Entscheidung zum Mord an Duncan, und während sich die verheerenden Nachwirkungen ihrer gemeinsam ausgeführten Tat entfalten, ist es die einzige menschliche Bindung, die sie noch haben. Doch nichts, was Lady Macbeth zu ihrem Mann sagt – »was bleibst du so allein«, »getan bleibt mal getan«, »sei frisch und heiter« (III, 2, 8-28) –, lindert seine inneren Qualen. Ihre aufgesetzte Munterkeit und ihre nüchterne Sachlichkeit, die beruhigend wirken soll, klingen angesichts seines Leids hohl: »Oh du! Skorpione stechen mir durchs Hirn!« Macbeth wiederum benutzt zwar weiter Kosenamen – was Ehepaare bei Shakespeare selten tun –, teilt seine dunklen Pläne aber nicht mehr mit ihr. »Was soll geschehn?«, fragt sie wegen Banquo, und er antwortet: »Bleib unschuldig und weiß nichts, Täubchen mein,/Bis du der Tat kannst klatschen« (III, 2, 36, 44-46).

Ihre Gelegenheit zu applaudieren kommt noch in derselben Nacht, doch alles geht furchtbar schief. Die Mörder kehren zurück und berichten Macbeth, sie hätten Banquo getötet – »liegt sicher dort im Graben,/mit zwanzig Klafterwunden um den Kopf« (III, 4, 25-26) –, doch sie haben seinen Sohn nicht ebenso »sicher« gemacht. Macbeths Reaktion zeigt viel von seinem besonderen psychischen Zustand und allgemeiner von den Fantasien und Lasten der Tyrannei.

»Dann kommt mein Fieber neu«, erwidert er, als er erfährt, dass sich Fleance retten konnte,

> wär sonst gesund,
> Heil wie der Marmor, grundfest wie der Fels,
> So weit und grenzlos wie der Luft Allgegenwart:
> Doch jetzt: gepfercht, gepflockt, gesperrt, verwebt,
> In freche Furcht und Zweifel.
> (III, 4, 20-24)

»Wär sonst gesund« – Macbeth sehnt sich nach einer Form von Vollständigkeit, der Härte, Festigkeit und Undurchdringlichkeit des Steins oder auch der Ausbreitung, Unsichtbarkeit und Unendlichkeit der Luft. In beiden Fällen besteht der Traum in einem Entkommen vor dem Menschsein, das er als unerträglich beengend empfindet. Diese Sehnsucht erregt fast Mitleid; sie scheint sogar eine unerfüllbare spirituelle Dimension zu haben, bis man sich klarmacht, dass das Mittel, durch das Macbeth »gesund« zu werden hofft, der Doppelmord an seinem Freund und dessen Sohn ist.

Hier wie auch sonst bei Shakespeare wird das Verhalten des Tyrannen von einem krankhaften Narzissmus angetrieben. Das Leben anderer ist unwichtig, wichtig ist nur, dass er sich »heil« und »grundfest« fühlt. Zu seiner Frau hat er gesagt:

> Doch soll der Weltbau klaffen, Erd und Himmel leiden,
> Eh wir das Brot in Furcht verzehrn und schlafen
> Unter dem Schwert so grauenhafter Träume,
> Wie uns allnächtlich schütteln.
> (III, 2, 16-19)

Zweifellos sind diese Träume schrecklich, und obwohl er sie sich selbst zuzuschreiben hat, könnten wir sogar einen Hauch Mitgefühl für die Albträume aufbringen, die er ertragen muss. Doch jedes Mitgefühl erstirbt angesichts seiner böswilligen Gleichgültigkeit gegenüber allem und jedem, ja der Erde selbst: »Doch soll der Weltbau klaffen.«

Es genügt dem Tyrannen nicht, einen Mann zu vernichten, der für eine moralische Alternative zu dem üblen Weg steht, den er selbst beschritten hat. Über Banquo sagt er:

> Viel, was er wagt.
> Und noch zum unerschrocknen Geist dazu,
> Da hat er Weisheit, die den Mut ihm lenkt,
> Stets vorsichtig zu handeln.
> (III, 1, 50-53)

Er muss, wenn irgend möglich, auch den Sohn dieses Mannes zerstören. Es ist der kranke Traum der Tyrannei, nicht nur die Gegenwart zu vergiften, sondern auch künftige Generationen, um sich auf ewig auszubreiten. Nicht allein die Erfordernisse der Handlung machen Macbeth ebenso wie Richard zum Kindermörder. Tyrannen sind Feinde der Zukunft.

Allerdings erweist es sich als schwieriger, Zukunft und Vergangenheit auszulöschen, als sich der Tyrann das vorstellt. Fleance kann entkommen. Und ebenso wie Richard im Traum von den Geistern der Ermordeten heimgesucht wurde, wird Macbeth beim königlichen Festmahl, das er mit seiner Frau gibt, vom blutbespritzten Geist Banquos heimgesucht. Die Erscheinung symbolisiert weniger das unterdrückte Gewissen des Tyrannen als seinen psychischen Verfall. Lady Macbeth versucht seinen Willen, wie früher schon, zu stärken. »Bist du ein Mann?«, fragt sie und tadelt ihn für seine Schwäche:

> Oh!, solches Auffahrn, solches Zucken
> (Schmiernkomödianten wahrer Furcht) wär angebracht
> Für Weibermärchen dicht am Winterfeuer,
> Wie Großmuttern sie ausspann. Schande drauf!
> (III, 4, 62-65)

Aber die Intimität, die ihre sexuellen Sticheleien so mächtig machte, ist zerfressen, und Macbeths Furcht wird nur noch größer. Die Zeugen seines panischen Verhaltens und seiner hitzigen Worte erkennen, dass mit ihm etwas ganz und gar nicht stimmt.

Die Gäste beim Festmahl stehen vor einem Problem, das Shakespeare als häufig und fast unausweichlich in Tyranneien sah: Beobachter, vor allem die mit privilegiertem Zugang, erkennen deutlich, dass der Herrscher geistig instabil ist. »Dem König ist nicht wohl«, wagt Ross zu sagen, während Macbeth geradezu die Wände hochgeht. Aber was sollen sie tun? Paradoxerweise versucht Lady Macbeth das Problem zu überspielen, indem sie sagt, ihr Mann habe immer schon solche Anfälle gehabt: »So geht's dem Herrscher oft,/ Und ging's von Jugend an« (III, 4, 51-53). So eine Enthüllung ist zwar beunruhigend, aber immerhin weniger als der Ausbruch einer Geisteskrankheit, denn sie impliziert zumindest, dass Macbeths erwiesene Kompetenz und Stabilität nicht von solchen gelegentlichen Anfällen beeinträchtigt wurden. Erst als die Anfälle die kriminelle Schuld des Tyrannen zu verraten drohen, löst Lady Macbeth die versammelte Runde rasch auf: »Nun kurz, gut Nacht:/Beim Aufbruch achtet nicht auf Etikette,/Nur geht sofort« (III, 4, 117-119). Sie will nicht, dass die Gäste noch ein weiteres belastendes Wort hören.

Als sie endlich allein sind, hört sie ruhig seinem Toben zu – »Das lechzt nach Blut, sagt man; Blut lechzt nach Blut« (III, 4, 121) – und äußert weder Vorwürfe noch Beschwichtigungen. Es ist, als sei etwas zwischen ihnen gestorben. Er enthüllt, dass es ein neues Ziel für seinen Argwohn gibt, Macduff, der seine Einladung ausgeschlagen hat, und sie fragt in seltsam unpersönlichem Ton: »Hast du zu ihm geschickt?« Er antwortet, dass er überall Spione hat und nun die Hexen besuchen will, um zu sehen, ob sie ihm mehr sagen können. Zu diesem Plan schweigt seine Frau, und er zeigt erneut den erschreckenden Narzissmus des Tyrannen, dem alles andere weichen muss: »Dem, was mir gut tut,/Muss alles aus dem Weg.« Immer noch schweigt sie, und wie in einem inneren Monolog äußert er seine düstere Überzeugung, dass es kein Zurück gibt: »Ich stieg ins Blut/So tief, daß mir, wollt ich nicht mehr drin baden,/Rückkehrn so schwer wär wie hindurchzuwaten« (III, 4, 129, 134-137).

»Schwer« ist ein vielsagendes Wort für den Albtraum, in dem Macbeth sich findet. Erwägungen von Moral, politischer Taktik oder einfacher Intelligenz sind verschwunden und durch eine bloße Kalkulation der notwendigen Anstrengung ersetzt. Besser nicht stehen bleiben und nachdenken, sondern einfach dem Affekt folgen: »Hab Seltsames im Kopf, was drängt zur Hand/Und muß getan sein, eh's recht Prüfung fand.« Erst jetzt spricht Lady Macbeth Worte, die an ihre frühere eheliche Intimität erinnern: »Dir fehlt der Heilstoff aller Wesen – Schlaf.« Ihr Gemahl stimmt zu: »Komm, schlafen wir« (III, 4, 138-141). Es sind die letzten Worte zwischen ihnen.

Was noch bleibt, ist der Ausgang von Macbeths verzweifelter Suche nach Beruhigung und Sicherheit: sein leichtgläubiger Wunsch, den mehrdeutigen und täuschenden Voraussagen der Hexen zu glauben, und seine unaussprechlich grausame Entscheidung, Macduffs Frau und Kinder ermorden zu lassen, nachdem dieser nach England geflohen ist. Obwohl Unsicherheit, übermäßiges Selbstvertrauen und mörderische Wut seltsame Bettgenossen sind, bestehen sie in der Seele des Tyrannen nebeneinander. Er hat Diener und Mittäter, aber im Grunde ist er allein. Die institutionellen Fesseln haben ohne Ausnahme versagt. Es gibt keine inneren und äußeren Instanzen mehr, die die meisten gewöhnlichen Sterblichen, und erst recht Staatenlenker, davon abhalten, mitten in der Nacht irrationale Botschaften zu verschicken oder jedem verrückten Impuls nachzugeben. Macbeth verkündet: »Von jetzt an/Sei meines Herzens erster Erstling gleich/Der Erstling meiner Hand« (IV, 1, 146-148).

Die Person, mit der er sein Leben bisher teilte, gehört nicht mehr dazu. In der berühmten Schlafwandlerszene sehen wir sie im Kampf mit ihren eigenen inneren Dämonen, und es sagt viel aus, dass nicht ihr Ehemann die verzweifelten Versuche beobachtet, sich die Hände zu waschen – »Weg da, verdammter Fleck« (V, 1, 33) –, sondern ein Arzt und eine adlige Kammerfrau. Als man ihm die Nachricht vom Tod seiner Frau bringt, zeigt Macbeth, der sich auf die Schlacht vorbereitet, kaum eine Reaktion: »Sie hätte sonst wann sterben solln:/Zeit hätt's gegeben für ein solches Wort« (V, 5, 17-18).

Was nun folgt, ist Shakespeares reifster und tiefsinnigster Versuch zu begreifen, wie ein Tyrann fühlt. Macbeth weiß, dass sein Volk ihn verabscheut und dass sein bloßer Name nach Malcolms Worten »schon den Mund fault« (IV, 3, 12). Er hat fast von Anfang an gewusst – noch bevor er Duncan umbrachte –, dass er nicht zum König geeignet ist. Er führt alle Insignien seines hohen Rangs, aber sie passen ihm nicht richtig und lenken nur die Aufmerksamkeit auf seine Untauglichkeit. »Jetzt fühlt er den Rang/Am Leib ihm schlottern, wie des Riesen Rock/Am Zwerg hängt, der ihn stahl«, bemerkt einer seiner Untertanen (V, 2, 20-22). Früher war es ihm wichtig, Nachkommen zu hinterlassen, die sein Vermächtnis weitertragen können – »Gebier nur Männer-Kinder!« (I, 7, 73), sagte er seiner Frau –, jetzt nicht mehr. Und was in seinem Leben vor ihm liegt, selbst wenn er die sich sammelnden Feinde besiegen sollte, ist düster genug:

> Und was den Altersherbst begleiten sollte,
> Wie Ehre, Liebe, Freundeskreis, Respekt,
> Danach darf ich nicht ausschaun; ernt anstatt
> Flüche, nicht laut, doch tief, und Lippendienst,
> Wind, dem das arme Herz gern weigern würde
> Und wagt's nicht!
> (V, 3, 24-29)

»Lippendienst«, das leere Lob jener, die dafür bezahlt oder dazu gezwungen werden, ist der Lohn, den er von seiner Zeit im Amt erwarten kann.

In *Richard III.* stellte Shakespeare den bedrängten Tyrannen zerrissen zwischen Selbstliebe und Selbsthass vor. In *Macbeth* bohrt der Autor viel tiefer. Was hat all das gebracht, der Verrat, die leeren Worte, das Vergießen von so viel unschuldigem Blut? Es ist schwer, sich die Tyrannen unserer Zeit in Augenblicken so aufrichtiger Rechenschaft vorzustellen. Macbeth jedoch beschreibt unerschrocken, was er selbst über sich gebracht hat:

> Und morgen und dann morgen und dann morgen,
> So kriecht's im Schleicheschritt von Tag zu Tag
> Zur letzten Silbe hin im Lebensbuch;
> Und alles Gestern hat nur Narrn geleuchtet
> Beim Gang zu Dreck und Tod. Aus, aus, klein Kerzlein!
> Leben ist nur ein Wanderschattenspiel,
> Ein armer Komödiant, der seine Zeit
> Abstolzt und abschnauft auf der Bühne und
> Nie mehr gehört wird dann: ist eine Mär
> Aus einem Tölpelmund, voll von Getön
> Und Toben und bedeutet nichts.
> (V, 5, 19-28)

Es ist wichtig zu verstehen, dass diese niederschmetternde Erfahrung völliger Sinnlosigkeit nicht der existenzielle Zustand der Menschheit ist, wie in einem absurden Drama. Das Stück betont, dass es genau das Schicksal des Tyrannen ist, und dieses Wort – »Tyrann« – hallt durch die letzten Szenen des Stücks.

Nachdem die Versicherung der Hexen, Macbeth würde erst besiegt, wenn der Wald von Birnam nach Dunsinane käme, sich als bloßer Trick erwiesen hat, steht der verzweifelnde Tyrann schließlich Macduff gegenüber, dessen Frau und Kinder er ermordet hat. Als Macbeth den Kampf zunächst ablehnt, sagt ihm sein Feind, »Dann, los, ergib dich Feigling,/Und leb begafft als Schaustück für die Welt«. Tatsächlich ist die schwerste Demütigung, die Macduff sich für Macbeth vorstellen kann, ihn öffentlich auszustellen:

> Dich malen wir als Monster-Missgeburt
> Auf Jahrmarktstafeln, und die Schrift dazu:
> »Hier zeigt man den Tyrannen.«
> (V, 8, 24-27)

Obwohl er sich »sattgespeist/An Greueln« und die Tiefen der Verzweiflung ausgemessen hat, betrachtet Macbeth dieses karnevaleske Ende als unsagbar erniedrigend. Ohne Freunde, ohne Kinder, vollkommen allein, besitzt er nichts mehr als das nackte Leben, und dieses Leben, wie er es niedergeschlagen ausgedrückt hat, »führt in die Dürre, unters gelbe Laub« (V, 3, 13-14, 23). Er kämpft und wird getötet. Macduff zeigt »des Usurpators Kopf«, den er abgeschlagen hat, und verkündet das Ende der Tyrannei: »Die Welt ist frei« (V, 9, 21).

KAPITEL 8

WAHNSINN IN GROSSEN

Richard III. und Macbeth sind Verbrecher, die an die Macht gelangen, indem sie die rechtmäßigen Herrscher ermorden, die ihnen im Weg stehen. Shakespeare war aber auch an einem noch bedrohlicheren Problem interessiert, wenn nämlich legitime Herrscher aus geistiger und emotionaler Schwäche tyrannisches Verhalten zeigen. Die Schrecken, die sie über ihre Untertanen und am Ende über sich selbst bringen, sind Folgen eines psychischen Verfalls. Sie mögen kluge Ratgeber und Freunde haben, mit gesundem Instinkt zur Selbsterhaltung und Verantwortungsgefühl, und doch ist es für diese Menschen äußerst schwer, sich der aus Wahnsinn geborenen Tyrannei entgegenzustemmen. Zum einen, weil sie nicht damit rechnen, aber auch, weil sie aus langjähriger Loyalität gewohnt sind zu gehorchen.

Im England von *König Lear* handelt der alternde König zwar mit dem zügellosen Mutwillen eines tyrannischen Kinds, aber zunächst wagt niemand zu widersprechen. Nach der Entscheidung, sich zur Ruhe zu setzen – »Sorgen und Müh von Unsern Jahrn zu schütteln,/Sie jüngren Schultern aufzulasten« (*König Lear*, I, 1, 39-40) –, versammelt er den

Hofstaat und verkündet seinen Willen, also seine unumstößliche Entscheidung, das Königreich in drei Teile zu teilen und sie seinen Töchtern zu übergeben, je nach dem Maß ihrer Fähigkeit, ihn zu umschmeicheln:

> Sagt, meine Töchter
> (Da Wir uns jetzt entkleiden wolln von Macht,
> Von Landbesitz und Sorge für den Staat),
> Von welcher solln Wir sagen, sie liebt Uns
> Am meisten? Auf daß Unsre reichste Großmut
> Dort trifft, wo zur Natur Verdienst ein Recht hat.
> (I, 1, 48-53)

Die Idee ist wahnsinnig, doch niemand greift ein.

Möglicherweise schweigen die Zeugen dieses grotesken Wettstreits, weil sie ihn für ein rein formales Ritual halten, das allein der Eitelkeit des Autokraten, der auf seinen Thron verzichtet, schmeicheln soll. Schließlich hat einer der höchsten Adligen, der Graf von Gloucester, gleich zu Beginn des Dramas erklärt, er habe schon eine Landkarte mit dem sorgsam aufgeteilten Königreich gesehen. Und zu diesem Zeitpunkt von Lears langer Herrschaft ist vielleicht jeder an den unbändigen Willen des Königs gewöhnt, sein eigenes Loblied singen zu hören. Während sie innerlich die Augen verdrehen, sitzen sie um den Tisch und leisten den geforderten »Lippendienst« (*Macbeth*, V, 3, 27), sagen ihm, wie gesegnet sie seien, in seinem Schatten zu stehen, wie sehr geblendet von seinen Tugenden, und dass sie ihn höher schätzen als »Augenlicht, Freiraum und Freiheit« (I, 1, 56).

Als aber Lears jüngste Tochter Cordelia, sein Liebling,

sich weigert, das hässliche Spiel mitzuspielen, wird alles plötzlich todernst. Von Cordelias prinzipientreuer Weigerung erzürnt – »ich liebe Eure Hoheit/Nach meiner Schuldigkeit; nicht mehr, nicht minder« (I, 1, 92-93) –, enterbt und verflucht Lear sie. Daraufhin regt sich von einer einzigen Person, dem Grafen von Kent, offener Widerstand. Der loyale Kent beginnt mit der gebotenen Höflichkeit zu sprechen, aber Lear bringt ihn abrupt zum Schweigen. So lässt der Graf alle Zeremonie beiseite und spricht seine Klage geradeheraus:

> Alter Mann, was tust du?
> Meinst du, daß Pflicht sich scheut zu reden, wenn
> Macht kniet vor Schmeichelei? Gradheit ist Ehrenpflicht,
> Wenn Majestät zum Narrn wird. Bleib im Herrscheramt;
> Und, mit reiflichster Überlegung, hemm
> Die ekelhafte Hast.
> (I, 2, 146-151)

Es gibt noch andere Erwachsene am Hof. Die älteren Töchter des Königs, Goneril und Regan, und ihre Ehemänner, die Herzöge von Albany und Cornwall, beobachten die Szene. Doch keiner von ihnen oder sonst irgendjemand äußert auch nur leisen Protest. Allein Kent wagt auszusprechen, was alle sehen, dass »Lear verrückt ist« (I, 1, 146). Für seine Offenheit wird der, der die Wahrheit ausspricht, bei Todesstrafe auf ewig aus dem Reich verbannt. Und noch immer ergreift niemand das Wort.

Lears Hof steht vor einem ernsten, vielleicht unlösbaren Problem. In der fernen Vergangenheit des Stücks, etwa im achten Jahrhundert vor Christus, scheint England keinerlei Institutionen oder Ämter wie Parlament, Kronrat, hohe Beamte oder Hohepriester zu besitzen, die die Königsmacht beschränken könnten. Mag der von seiner Familie, den loyalen Vasallen und seinen Dienern umgebene König auch um Rat fragen und ihn sogar empfangen, die Entscheidungsgewalt liegt allein bei ihm. Äußert er seine Wünsche, verlangt er Gehorsam. Das ganze System setzt jedoch voraus, dass er bei Verstand ist.

Selbst in Systemen, in denen zahlreiche mäßigende Institutionen verankert sind, hat der höchste Entscheidungsträger fast immer enorme Macht. Was aber geschieht, wenn er für sein Amt geistig nicht geeignet ist? Was, wenn er Entscheidungen zu treffen beginnt, die Wohl und Sicherheit des Reichs gefährden? Im Fall von König Lear ist der Herrscher vielleicht nie ein Muster an Stabilität oder emotionaler Reife gewesen. Als Goneril und Regan, die zynischen älteren Töchter des Königs, über die Verfluchung Cordelias sprechen, stellen sie fest, im Alter verstärkten sich nur jene Eigenschaften, die sie schon lange beobachtet hätten: »Das ist bei ihm die Altersschwäche; aber er hat sich eh und je nie recht selbst gekannt«, sagt die eine, und die andere ergänzt: »Selbst in seinen besten und gesündesten Jahren war er zu hitzköpfig« (I, 1, 293-295).

Die Enterbung ihrer Schwester Cordelia stellt für Goneril und Regan keine Bedrohung dar. Im Gegenteil, da sie ihren Anteil am Königreich erhalten, liegt sie in ihrem Interesse. So unternehmen sie nichts, um den tyrannischen

Zorn des Vaters zu mildern, obgleich ihnen klar ist, dass er sich jederzeit auch gegen sie stellen kann. Es sind die »jahrelang eingewurzelte[n] Gewohnheiten« seines Geistes wie auch die Wirkung des Alters, mit denen sie zurechtkommen müssen: »Dann müssen wir von seinem Alter nicht nur die Unzulänglichkeiten jahrelang eingewurzelter Gewohnheiten gewärtigen, sondern obendrein noch diesen ungebärdigen Eigensinn, den gebrechliches und cholerisches Alter so mit sich bringt« (I, 1, 295-298). Was sie besonders beunruhigt, sind seine »unberechenbare[n] Ausbrüche« (I, 1, 299) wie jener bei der Verbannung Kents. Es ist extrem gefährlich, wenn ein Staat von einer Person regiert wird, die rein impulsiv handelt.

Goneril und Regan sind höchst unsympathische Figuren, die nur an sich selbst denken. Ihnen ist aber klar, dass sie vor einem ernsten Problem stehen, und so ergreifen sie rasch Maßnahmen, um wenigstens die eigenen Interessen zu schützen, wenn schon nicht die des Königreichs. Obwohl ihr Vater beschlossen hat, die eigentliche Regierung ihnen und ihren Ehemännern zu übertragen, hat er eine Armee von 100 bewaffneten Dienern behalten. Seine Töchter entziehen diese sofort seiner Kontrolle, damit er keine übereilten Schritte unternimmt. Zunächst reduzieren sie die Zahl auf 50, dann auf 25, und dann weiter: »Was braucht's denn fünfundzwanzig, zehn, bloß fünf«, fragt Goneril, und Regan fährt fort: »Was braucht's nur einen?« (II, 4, 258-260). Das ist hässlich, und es wird noch hässlicher. Der Entzug der Verfügungsgewalt folgt der Erkenntnis, dass ein zügelloser Narzisst, der das Befehlen gewohnt ist, keine noch so kleine Armee kontrollieren sollte.

Als Lear überhastet und selbstzerstörerisch zu handeln begann, waren Cordelia und Kent die Einzigen, die sein tyrannisches Verhalten anprangerten. Beide taten es aus Loyalität zu dem Menschen, den ihre Worte am meisten erzürnten, den sie liebend schützen wollten. Mit ihrer Verbannung und Lears Abdankung kann nichts mehr das Land vor dem Zerfall schützen. Der Zerfall begann mit der egoistischen Laune des Königs, aber nicht er – dem die Macht entzogen ist und der dem Wahnsinn verfällt – ist es, der die Tyrannei errichtet. Es sind vielmehr seine böswilligen älteren Töchter, die keinerlei Respekt für das Gesetz und die Grundregeln menschlichen Anstands zeigen.

Kents Loyalität zu Lear führt ihn dazu, in Verkleidung und unter Lebensgefahr als Diener seines gefallenen Herrn zurückzukehren. Doch es ist zu spät, um die Katastrophe abzuwenden, die der König sich selbst bereitet hat. Kent ist mundtot gemacht, Cordelia verbannt. Der einzige Mensch, der noch offen sagen kann, was für alle sichtbar wurde, ist der Narr, ein satirischer Unterhalter – vergleichbar mit einem Late-Night-Comedian –, dem die sozialen Konventionen das zu äußern erlauben, was sonst unterdrückt oder bestraft würde. »Ich bin mehr, als du jetzt bist; ich bin ein Narr, du bist nichts« (I, 4, 187-188), sagt er zu Lear. Unter der neuen Herrschaft von Lears Töchtern ist sogar diese begrenzte Form der freien Rede verboten. Goneril macht ihrem Vater klar, dass sie die Frechheit seines »Alles-darf-er-Narr[en]« (I, 4, 194) nicht länger tolerieren wird, und auch Regan bleibt stur. Der gemeinsam mit dem verrückten König in den Sturm vertriebene, frierende und elende Narr verschwindet in der Mitte des Stücks für immer.

Bei Lear gibt es anders als bei Richard III. oder Coriolan keinen Einblick in seine Kindheit, zu den möglichen Anfängen seiner Persönlichkeitsstörung. Wir sehen nur einen Mann, der schon sehr lange gewohnt war, in allem seinen Willen zu bekommen, und der keinen Widerspruch erträgt.

Inmitten seines Wahnsinns, als er mit einem Blinden und einem Bettler in einer Hütte sitzt, ist sein Größenwahn noch immer da: »Wenn ich so stier, schau, bebt der Untertan« (IV, 6, 107). Doch bei aller Umnachtung blitzt immer wieder die bittere Erkenntnis auf: »Die haben mich umschwänzelt wie die Hundchen.« Jeder habe seine Weisheit gepriesen, erinnert er sich, als er in Wahrheit noch ein grüner Junge war. Hier kommen wir seinem Narzissmus am nächsten: »›Ja, ja‹ und ›nein, nein‹ zu sagen zu allem, was ich sagte! Deine Rede sei ja, ja, und nein, nein war auch keine gute Theologie« (IV, 6, 96-101).

Nichts an einer solchen Erziehung konnte Lear darauf vorbereiten, den wahren Zustand seiner Familie, seines Reiches oder auch seines eigenen Körpers zu erkennen. Er ist ein Vater, der seine Kinder zerstört; ein Herrscher, der nicht zwischen aufrechten, ehrlichen Untertanen und korrupten Schuften unterscheiden kann; ein König, der die Bedürfnisse seines Volkes nicht erkennen, geschweige denn befriedigen kann.

Im ersten Teil des Stücks, als Lear noch auf dem Thron sitzt, sind diese Menschen völlig unsichtbar. Es ist, als habe der König ihre Existenz niemals wahrgenommen. Beim Blick in den Spiegel hat er stets eine überlebensgroße Person erblickt, »jeder Zoll ein König« (IV, 6, 106).

Daher rührt sein grausames Erwachen, als er frierend und von Fieber geschüttelt endlich versteht, dass er von Schmeichlern umgeben war, die ihn belogen haben:

> Als der Regen kam, daß er mich naß macht, einst,
> und der Wind kam, daß ich schnattre, als der Donner
> nicht wollt schweigen auf mein Bitten, da hab ich sie
> ertappt, da hab ich sie geschmeckt. Geh mir doch weg,
> bei denen heißt's doch nicht ein Mann, ein Wort: die
> sagten, ich wär doch ihr ein und alles; 's war gelogen,
> ich bin nicht fieberfest.
> (IV, 6, 100-104)

»Die sagten, ich wär doch ihr ein und alles.« Für einen so extremen Solipsisten ist es sogar eine Art moralischer Triumph, zu erkennen, dass er letztlich denselben körperlichen Gebrechen ausgeliefert ist wie jeder andere.

Shakespeares Stück betrachtet recht nüchtern den bitteren Preis für diese recht bescheidene Selbsterkenntnis. Lear beharrt darauf, ein Mensch zu sein, »an dem gesündigt mehr wurd, als er sündigt« (III, 2, 60), aber er ist nicht ganz unschuldig daran, dass seine beiden älteren Töchter Unmenschen sind, die ihn umbringen wollen. Er ist gewiss nicht unschuldig am furchtbaren Schicksal seiner jüngsten Tochter, deren moralische Integrität er verschmäht und deren Liebe er nicht verstanden hat. Offensichtlich hat er auch nicht begriffen, zwischen der Grundanständigkeit von Gonerils Ehemann Albany und dem Sadismus von Regans Ehemann Cornwall zu unterscheiden, und er hat sein Königreich geteilt, ohne zu ermessen, dass dies sehr wahrscheinlich Krieg zwischen beiden herrschenden Parteien bedeuten würde.

Erst als Lear in den Sturm hinauswandert, sieht er das Leid der Heimatlosen in dem Land, das er viele Jahrzehnte lang regiert hat. Während der Regen auf ihn niederprasselt, stellt er eine gewichtige Frage:

> Ihr Armen, nackt und elend, wo ihr auch seid,
> Die ihr im Prasseln steht gnadlosen Sturms,
> Wie wollt hauslosen Haupts und leeren Leibs
> In blankbloß-löchriger Zerlumptheit ihr euch wehrn
> Vor Wettern, wild wie diesem?
> (III, 4, 28-32)

Doch noch während er die Frage stellt, weiß er, dass es zu spät für ihn ist, irgendetwas gegen ihr Leiden zu unternehmen: »Oh! Daran hab/Ich nie genug gedacht« (III, 4, 32-33). Und was er jetzt denkt – dass die Reichen sich dem aussetzen sollen, was die Elenden spüren, um etwas von ihrem überschüssigen Reichtum mit ihnen zu teilen –, ist wohl kaum eine neue ökonomische Vision für das Land, das er regierte.

Die monströse Selbstbezogenheit, die Lears fatale Entscheidungen antrieb, verschwindet nicht, weil er dem Unglück ausgesetzt ist; sie ist das Leitprinzip seiner Wahrnehmung. Als er einem obdachlosen Bettler begegnet, kann er sich nur vorstellen, das Unglück des Mannes habe dieselbe Ursache wie sein eigenes: »Hast alles deinen zwei Töchtern gegeben?/Und bist so weit gekommen?« (III, 4, 48-49). Da er sicher ist, dass die Antwort ja sein muss, verflucht Lear die undankbaren Töchter des armen Mannes. Und als der verkleidete Kent ihn aufklärt – »Er hat keine Töchter, Sir« –, explodiert Lear vor Wut: »Tod, Ketzer! Nichts hätt Natur zertreten können/Zu solchen Trümmern als herzlose Töchter« (III, 4, 67-69). Lear hat alles verloren, und doch denkt er noch immer wie ein Tyrann, der keinen Widerspruch duldet: »Tod, Ketzer!«

Gegen Ende des Stücks, als Lear zumindest teilweise den Verstand wiedererlangt, die Narrheit seines Handelns erkannt und Cordelia um Verzeihung gebeten hat (die nach England zurückgekehrt ist, um für ihn zu kämpfen), fällt es ihm weiterhin schwer, die Egomanie abzustreifen, die das ganze Unglück verursacht hat. Als er mit Cordelia von Truppen unter dem Kommando des skrupellosen Edmund gefangengenommen wird, lehnt Lear entschieden die Forderung seiner Tochter ab, vor ihre Schwestern geführt zu werden: »Nein, nein, nein, nein!« (V, 3, 8). Warum erwägt er nicht einmal den Versuch, um Gnade zu bitten? Weil er im Bann einer schmerzlichen, realitätsfernen und auf ihre Weise extrem egoistischen Wahnvorstellung steht, er werde im Kerker mit seiner jüngsten Tochter endlich das finden, wonach er sich schon immer gesehnt hatte: sein Alter »auf ihre sanfte Pflege baun« (I, 1, 123-124). Nun sagt er zu Cordelia:

> Wir zwei allein wolln singen, Vögeln gleich im Käfig;
> …
> so wolln wir leben
> Und beten, singen, alte Sagen uns erzählen
> Und lachen über goldne Schmetterlinge
> Und arme Schufte hörn vom Hof palavern;
> Und reden auch mit ihnen, wer gewinnt

Und wer verliert; wer steigt, wer fällt; und tun so, als
Verstünden wir's Geheimnis aller Dinge,
Als wärn wir Gottes Späher.
(V, 3, 9-18)

Selbst wenn Cordelia diese Fantasie teilen würde, ist sie zu realistisch, um dies irgendwie für möglich zu halten. Als sie in den Kerker geführt wird, wo sie der fast sichere Tod erwartet, schweigt sie, so sichtbar wie quälend.

Im *Wintermärchen*, das Shakespeare gegen Ende seines Lebens schrieb, kehrte er zu der Idee zurück, dass ein legitimer Herrscher, der dem Wahnsinn verfällt, wie ein Tyrann zu handeln beginnt. Im Fall von Leontes, dem König von Sizilien, ist die Ursache kein seniler Zorn, sondern eine plötzliche Paranoia in Gestalt der Überzeugung, seine Ehefrau Hermione, die kurz vor der Entbindung steht, habe die Ehe gebrochen und das Kind sei nicht von ihm. Leontes verdächtigt seinen besten Freund Polixenes, den König von Böhmen, der seit neun Monaten auf Besuch in Sizilien ist. Er äußert diese Überzeugung zuerst gegenüber seinem Ersten Ratgeber Camillo, der verzweifelt versucht, den König von seiner fixen Idee abzubringen: »Herr, bester, lassen Sie/Sich von so krankem Denken heilen, und/Schnellstmöglich, denn es ist gefährlich.« Leontes beharrt auf der Wahrheit seiner Anklage, und als der Ratgeber erneut widerspricht, explodiert er vor Zorn: »O doch – du lügst, du lügst!/Ich sag, du lügst, Camillo, und ich haß dich« (*Das Wintermärchen*, I, 2, 295-299). Der eifersüchtige König präsentiert keinen Beweis, nur sein striktes Beharren.

Ein Tyrann muss keine Tatsachen oder Beweise liefern. Er erwartet, dass seine Anklage genügt. Wenn er sagt, jemand habe ihn betrogen, ausgelacht oder bespitzelt, muss es so sein. Jeder, der ihm widerspricht, ist ein Lügner oder ein Idiot. Das Letzte, was der Tyrann will, ist eine unabhängige Meinung, auch wenn er sie scheinbar einfordert. Was er in Wahrheit verlangt, ist Loyalität, und mit Loyalität meint er nicht Integrität, Ehre oder Verantwortung. Er meint die prompte, uneingeschränkte Bestätigung seiner Ansichten und die Bereitschaft, seine Befehle ohne Zögern auszuführen. Wenn ein paranoider, narzisstischer Autokrat einen Beamten um seine Loyalität bittet, ist der Staat in höchster Gefahr.

Als Camillo also Leontes' irren Verdacht nicht teilt, wirft dieser ihm Unehrlichkeit, Feigheit oder Nachlässigkeit vor. Nicht nur, dass er ihn als »groben Klotz, hirnlosen Lumpen,/ Ja oder meinungslosen Leisetreter« beschimpft (I, 2, 300-301); der König fordert von seinem Ratgeber absolute Loyalität. Für Leontes gibt es dafür einen perfekten Test. Er befiehlt Camillo, Polixenes zu vergiften.

Nun ist der Ratgeber in großen Schwierigkeiten, und er weiß es. Sein königlicher Herr ist nicht nur wahnsinnig, sondern auch extrem gefährlich. Aufrichtige Versuche, ihn abzulenken, haben seinen Zorn nur umso heftiger entfacht, und Camillo weiß, dass er selbst getötet wird, wenn er sich dem Befehl des Königs widersetzt. Kurz überlegt er, ihn auszuführen: »Die Tat zu tun/Führt zu Beförderung« (I, 2, 355-356). Camillo ist ein anständiger Mensch, kein opportunistischer Schuft; aus diesem Grund wagt er es, dem König zu widersprechen. Doch er will nicht zum Märtyrer werden. Es bleibt ihm nur noch eine einzige Option: Er warnt Polixenes, und bei Nacht fliehen die beiden eilig aus Sizilien mit den Dienern, die der böhmische König bei seinem Staatsbesuch mitgebracht hatte.

Flucht ist eine verzweifelte Option, von der es kein Zurück gibt, und sie ist beileibe nicht jedem möglich. Als Hauptratgeber des Königs besitzt Camillo die Autorität, die Stadttore öffnen zu lassen, und Polixenes' Schiffe warten bereits im Hafen. Camillo hat vermutlich seinen ganzen Besitz zurückgelassen, dazu den hohen verantwortungsvollen Posten, den er seit Langem innehatte, aber offenbar muss er sich um keine Familie sorgen, und der Herrscher, dem er gerade das Leben gerettet hat, wird ihn schützen und unterstützen. Entscheidend in diesem Augenblick der äußersten Not ist es, »der Dringlichkeit der Zeit zu folgen« (I, 2, 464), wie Camillo sagt, und außer Reichweite des Tyrannen zu gelangen.

Der armen Hermione ist das aber nicht möglich, und bis zu seinem Wutausbruch hat sie auch keine Ahnung, dass ihr Ehemann sie mit immer größerem Misstrauen und Groll betrachtet hat. Während sie auf die bevorstehende Mühsal der Geburt wartet, hat sie sich um ihren jüngsten Sohn Mamillius gekümmert, mit ihrer Freundin Paulina geschwatzt und war dem besten Freund ihres Ehemanns eine anmutige Gastgeberin. Tatsächlich hat Leontes sie gedrängt, Polixenes zur Verlängerung seines ohnehin ausgedehnten Aufenthalts in Sizilien zu bewegen. Und all ihre lieblichen Gesten zu diesem Zweck sind vom paranoiden Leontes als Beweise ihrer Untreue gedeutet worden. Als Camillo versucht, seine Ängste zu zerstreuen, schäumt er:

> Ist Flüstern nichts?
> Wange an Wange legen? Nasenspiele?
> Mit feuchten Lippen küssen? Sich mit Seufzen
> Im Lachgalopp hart zügeln? – (untrügliches Zeichen
> Wankender Treue!) Sich wie Fohlen rempeln?
> In Winkeln schmolln?
> (I, 2, 283-288)

Wie viel davon wirklich stimmt, ist weniger wichtig; es ist das, was Leontes zu sehen glaubte, und es reicht ihm, um sie schuldig zu sprechen.

Die Flucht von Polixenes und Camillo bestätigt diese Überzeugung und verstärkt Leontes' Gefühl, zum Narren gehalten worden zu sein. Es scheint ihm jetzt glasklar, dass Camillo, dem er vertraute, Polixenes' Mitverschwörer war, »sein Kuppler«. Er kommt zu dem Schluss, es gebe einen »Anschlag … auf mein Leben« (II, 1, 46-47), und befiehlt die Einkerkerung seiner Ehefrau. »Sie ist 'ne Ehebrecherin!« (II; 1, 78), verkündet er dem schockierten Hof. Zunächst versuchen seine Höflinge wie zuvor Camillo, den Vorwurf zu entkräften und einem Verleumder anzulasten: »Sie sind mißbraucht durch einen Intriganten,/Der drum verflucht sei« (II, 1, 141-142). »Hoheit, so rufen Sie die Königin zurück, ich bitt Sie«, sagt einer und ein anderer: »Herr, seien Sie sich klar, was Sie/Da tun, daß nicht Ihr Richterspruch/Gewalttat wird« (II, 1, 126-128).

Leontes ignoriert es und wirft ihnen vor: »Ihr schmeckt so kaltsinnig der Sache nach/Wie mit 'ner Leichnamsnase.« Ihn interessieren ihre Einwände nicht, noch braucht er ihre Zustimmung: »Ach, was debattiern/Wir hier mit Ihnen, statt daß wir dem eignen,/Mächtigen Antrieb folgen?« (II, 1, 151-164). Seinem Antrieb folgen, heißt seinem und nur seinem, des Königs, Impuls zu gehorchen:

> *Wir* brauchen
> Von Ihnen keinen weitern Rat. Die Sache selbst,
> Der Vor- und Nachteil, alle Planung liegt
> Bei Uns allein.
> (II, 1, 168-171)

Aus Sicht des Hofes betrifft die »Sache« – der Vorwurf eines Komplotts gegen das Leben des Herrschers, die Flucht des Ersten Ratgebers und die Inhaftierung der Königin – natürlich nicht Leontes allein, aber auf eine für Tyrannen charakteristische Weise hat er den ganzen Staat mit sich selbst gleichgesetzt.

Sein einziges Zugeständnis, und zwar nur um »andere [zu] beruhigen«, liegt darin, Boten »nach Delphi zu Apollons Tempel« zu schicken (II, 1, 183, 191). Die ansonsten schweigenden Höflinge stimmen zu.

So wie in *König Lear* eine Frau – die jüngste Tochter des Autokraten – den entscheidenden, öffentlichen Schritt vollzieht, dem herrischen Verlangen des Vaters entgegenzutreten, widersetzt sich auch im *Wintermärchen* eine Frau dem Willen des Tyrannen am stärksten. Die prinzipienfeste Herausforderin ist nicht Leontes' Ehefrau Hermione, obwohl sie sich mutig und eloquent verteidigt, sondern ihre Freundin Paulina. Sie besucht die Königin im Kerker und schlägt ihr vor, den eben entbundenen Säugling dem König zu zeigen, um ihn wieder zur Raison zu bringen. Als der Wärter sich berechtigte

Sorgen macht, das Kind ohne Befehl aus dem Gefängnis zu lassen, beruhigt Paulina ihn wortgewandt:

> Herr, kein Grund zur Angst;
> Das Kind war eingesperrt im Mutterschoß
> Und ist nach Recht und als Naturprozeß
> Draus freigeborn befreit, nicht anteilhaft
> Am Zorn des Königs, noch mitschuldig am –
> So's ihn denn gäbe – Fehltritt der Königin.
> (II, 2, 58-63)

Für einen kurzen, vielsagenden Moment erkennen wir die bürokratische Struktur, die alle Regime kennzeichnet und die besonders zum Tragen kommt, wenn das Handeln des Staatsführers zur Sorge Anlass gibt.

Bei einer Abweichung von üblichen Verfahrensweisen muss eine hochgestellte Person – und als adlige Ehefrau von Leontes' Ratgeber Antigonus ist Paulina von allerhöchstem Rang – vortreten und die Verantwortung übernehmen. »Fürchten Sie nichts; auf meine Ehre, ich/Werd zwischen Ihnen stehen und der Gefahr«, beruhigt sie den Wärter erneut (II, 2, 65-66).

Rasch erfahren wir, dass es allerdings guten Grund zur Furcht gibt. Der Tyrann kann nicht schlafen: »Nicht tags noch nachts mehr Ruh.« Sein Sohn Mamillius ist nach der Anklage gegen Hermione krank geworden, und neben der Sorge um den Jungen bewegen Leontes ständige Rachegedanken. Polixenes und Camillo sind außer seiner Reichweite, »gefeit« wie er sagt, aber die »Eh'brecherin« ist in seiner Macht: »Sagen, sie wär weg,/Verbrannt im Scheiterhaufen«, würde ihm zumindest zum Teil den Schlaf zurückgeben (II, 3, 1-8).

Es verwundert nicht, dass Leontes' Höflinge beim Auftritt Paulinas mit dem Säugling ihr den Eintritt verwehren wollen. Statt sich zu fügen, bittet sie um ihre Hilfe: »Barmt ihr um sein Tyrannen-Toben mehr/Als um das Wohl der Fürstin?« (II, 3, 28-29). Auf ihre Erklärung, er habe nicht schlafen können, erwidert sie: »Ich bring ihm seinen Schlaf« und beschuldigt sie, seinen Wahnsinn damit gar noch zu befeuern:

> Leute wie ihr
> Sind's, die wie Schatten um ihn schleichen und
> Aufseufzen, wenn er sinnlos stöhnt, Leute wie ihr
> Die seine Schlaflosigkeit nährn.
> (II, 3, 33-36)

Sie verfolgt eine äußerst kühne Strategie – den König aus seinem Wahnsinn zu stoßen, indem sie ihn zwingt, ein Kind zu halten, das er verstockt für das eines andern hält – und scheitert damit. Leontes' Raserei wird dadurch nur umso mehr angefacht. Er befiehlt, den »Bankert« zu verbrennen, und droht dann Paulina, auch sie verbrennen zu lassen. »Mir ganz gleich«, antwortet sie unerschrocken und spricht einige der herrlichsten Worte der Auflehnung bei Shakespeare:

> Der Ketzer ist, wer's Feuer ansteckt, nicht
> Die, die darin brennt.
> (II, 3, 114-115)

Tyrannei bedeutet eine Umkehrung der gesamten Struktur von Autorität: Die Legitimität wohnt nicht mehr im Zentrum des Staates, sie liegt bei den Opfern seiner Gewalt.

Paulina hat bereits vom »Tyrannen-Toben« des Königs gesprochen und ihm ins Gesicht gesagt: »Ich bin .../... so redlich,/Wie Sie verrückt sind« (II, 3, 69-71). Doch es zeigt, wie schwer der Vorwurf der Tyrannei wiegt, dass sie sich zurückhält:

> Ich nenn Sie nicht Tyrann;
> Doch diese Grausamkeit an Ihrer Gattin –
> Und nichts als Klagegrund vorstelln zu können
> Als Ihren winkelschiefen Wahn – schmeckt sehr
> Nach Tyrannei und wird Sie ehrlos machen.
> (II, 3, 115-118)

Leontes wiederum lässt diese Klage nicht einfach durchgehen und sagt zu den Höflingen: »Wär ich Tyrann/Wie lang wär wohl ihr Leben? Wär ich einer/Würd sie's nicht wagen, mich's zu heißen« (II, 3, 115-123). Vielleicht hatte Paulina die Wirkung ihrer Worte wohl bedacht: Nach seiner Reaktion kann Leontes unmöglich seinen Befehl wiederholen, sie verbrennen zu lassen. So lässt er sie nur aus dem Saal verbannen.

Paulinas Leben wird verschont, aber Leontes' Wahnsinn und seine tyrannischen Impulse sind ungezügelt. Da er ihren Ehemann Antigonus verdächtigt, Paulina dazu angestiftet zu haben, ihm den Säugling zu bringen, nennt er den Ratgeber einen Verräter. Um zu beweisen, dass er keiner ist, muss Antigonus das Kind töten. Leontes befiehlt ihm:

Heb's jetzt auf,
Meld mir in dieser Stunde noch Vollzug,
Und gut bezeugt, sonst nehm ich dir dein Leben
Und was du sonst noch dein nennst.
(II, 3, 134-137)

Es gibt keinen regulären Prozess, keinen Respekt für zivilisierte Normen, keinen Anstand. In einer Gesellschaft, wo Verdacht und Gewissheit nicht zu unterscheiden sind, beweist man seine Loyalität, indem man die mörderischen Befehle des Tyrannen ausführt.

Doch es herrscht noch ein Rest an Moral in Sizilien. Leontes' Tyrannei ist die Folge eines plötzlichen, unerklärbaren Absturzes in den Wahnsinn; kurz zuvor war er noch ein respektierter, völlig legitimer Herrscher, keine pöbelnde Witzfigur. Deshalb ist er nicht von Opportunisten umgeben, sondern von anständigen Leuten, die gewohnt sind, ihre Meinung zu äußern, wie Camillo und Paulina schon bewiesen haben.

Und obwohl seine Höflinge schockiert und verängstigt sind – »Lügner allesamt!« nennt Leontes sie –, sind sie auch jetzt noch nicht vollends zum Schweigen gebracht. »Wir haben Ihnen allzeit treu gedient/Und bitten, dies zu achten« (II, 3, 145-148), sagt einer von ihnen, der den König auf Knien bittet, seinen grausamen Befehl, den Säugling zu verbrennen, zurückzunehmen. Widerwillig gibt Leontes nach, befiehlt aber Antigonus, das Kind an einen fernen Ort zu bringen und dort auszusetzen.

In der nun folgenden verwickelten Romanzenhandlung hat dieser geänderte Befehl bedeutsame Folgen. Er führt zum

Tod des Antigonus – durch die berühmte Szenenanweisung »*Rennt ab, von einem Bären verfolgt*« (III, 3, 59) – und schließlich zur wundersamen Wiederbegegnung mit Leontes' Tochter Perdita nach sechzehn Jahren. Doch obwohl Leontes seinen Befehl, das Kind zu töten, abwandelt, hat sich an seiner Einstellung und seinem Verhalten wenig geändert. Das genau ist die Pointe: Die herkömmlichen Mechanismen der Mäßigung sind nahezu wirkungslos, sobald der Staat in die Hände eines labilen, zügellosen und rachsüchtigen Tyrannen fällt. Vernünftige Ratschläge stoßen auf taube Ohren, Zweifel werden beiseitegeschoben, offener Protest scheint die Sache nur schlimmer zu machen.

Da er entschlossen ist, sich an der Ehefrau zu rächen, von der er sich betrogen glaubt, stellt Leontes Hermione wegen Hochverrats vor Gericht. »Man sprech Uns frei/Vom Vorwurf Tyrannei, da Wir so offen/Nach Recht verfahrn«, erklärt er, als er die Gefangene aufruft (III, 2, 4-6). Das offene Verfahren mag unter dem Aspekt von Public Relations besser sein als das Gift, mit dem er seinen besten Freund umbringen lassen wollte, aber jeder in Shakespeares Welt wusste sehr wohl, dass es nur einen denkbaren Urteilsspruch gab. Der Herrscher kontrollierte die Institutionen, die seinen wildesten Behauptungen den Stempel der Wahrheit aufdrückten. Dies ist ein Schauprozess nach Art Heinrichs VIII. oder, in unserem Zeitalter, wie bei Stalin.

Und doch gibt es einen kleinen, aber wichtigen Unterschied: Im *Wintermärchen* ist die des Verrats angeklagte Person geistig nicht so gebrochen, dass sie das imaginäre Verbrechen zugibt. Im Gegenteil, mit Würde und Anmut entlarvt sie die »Gerechtigkeit« des Tyrannen:

> Da, was ich sagen will, nur das sein kann,
> Was dieser Klage widerspricht, und sonst
> Kein Zeugenwort hier für mich spricht als das,
> Was von mir selbst kommt, wird's mir nicht viel helfen,
> Wenn ich »nicht schuldig« sage.
> (III, 2, 21-25)

Dennoch ist sie überzeugt,

> Wenn denn göttliche Mächte
> Aufs Tun sehn von uns Menschen – und sie sehn drauf –,
> Dann trau ich fest, daß Unschuld die Falschklage
> Erröten läßt und Tyrannei erzittert
> Vor leidender Geduld.
> (III, 2, 27-31)

Was wäre, wenn die Tyrannei vor der Geduld erzitterte? Es gibt Formen des Widerstands, deren Macht nicht darin besteht, gegen die Ungerechtigkeit zurückzuschlagen – wozu Hermione ohnehin nicht in der Lage wäre –, sondern zu ertragen und darauf zu warten, dass der Unterdrücker sich persönlich rechtfertigt und vielleicht sogar moralisch erwacht. Der in Selbsttäuschung und selbstgerechter Empörung befangene Leontes kann diese Macht nicht erkennen, geschweige denn vor ihr zittern. Als er weitere Anklagen gegen seine Frau vorbringt, eine absurder als die andere, hört Hermione auf, sie auch nur begreifen zu wollen: »Sie sprechen Worte, die ich nicht verstehe:/ Zielscheibe Ihres Alptraums ist mein Leben.« Leontes' Antwort trifft ungewollt den Kern des Problems: »Ihr Treiben ist mein

Alptraum« (III, 2, 79-81). Wenn der Tyrann träumt, es gebe Betrug oder Verrat, dann gibt es Betrug oder Verrat.

Deshalb ist es nahezu aussichtslos, die solipsistischen Fantasien zu durchbrechen. Die Boten kehren von Apollos Tempel mit dem versiegelten Orakel zurück, das beim Öffnen und Verlesen vor Gericht nichts von der Mehrdeutigkeit besitzt, die solchen Botschaften für gewöhnlich zu eigen ist:

> »Hermione ist keusch, Polixenes untadelig, Camillo ein treuer Untertan, Leontes ein eifersüchtiger Tyrann, sein unschuldiges Kind rechtlich gezeugt, und der König soll ohne Erben leben, wenn das, was er verloren hat, nicht gefunden wird.«
> (III, 2, 131-134)

Doch selbst jetzt obsiegt die fixe Idee des Tyrannen. »Kein Fünkchen Wahrheit im Orakelspruch«, erklärt er starrsinnig und lässt das Gerichtsverfahren fortsetzen (III, 2, 138).

Erst als die Nachricht eintrifft, sein Sohn Mamillius sei aus Angst und Verzweiflung über das Schicksal seiner Mutter gestorben, erleidet Leontes einen Schock, heftig genug, um seinen Wahnsinn zu beenden. Er deutet den Tod seines Sohns als schreckliches Zeichen von Apollos Zorn über seine Ungerechtigkeit und will sofort handeln, um wenigstens einen Teil des Schadens wiedergutzumachen, den er angerichtet hat: »Ich will mich mit Polixenes versöhnen,/Neu meine Frau umwerben, Ehrenmann Camillo/Rückrufen, ihn als treu erklärn« (III, 2, 153-155). Doch so einfach ist es nicht. Hermione ist bei der Nachricht vom Tod ihres Sohns zusammengebrochen, und nun tritt die verzweifelte Paulina hinzu, mit harten Worten. Zuvor hatte sie sich bemüht, ihre scharfe Zunge zu bändigen: »Ich nenn Sie nicht Tyrann«, doch nun lässt sie alle Mäßigung fahren und stellt Leontes zur Rede: »Was für erlesne Foltern hast du für mich, Tyrann?« (III, 2, 173). Tyrannei und Eifersucht haben ihn nicht nur dazu verführt, Camillo zum Mord an Polixenes anzustiften, seine neugeborene Tochter den Krähen vorzuwerfen und seinen Sohn zu opfern. Sie haben nun, als dunkles Meisterstück, auch den Tod seiner Ehefrau nach sich gezogen.

Der Hof ist bestürzt von Paulinas brutaler Offenheit. Doch das Trauma hat den Menschen und den Herrscher Leontes verändert. Er empfängt die Wahrheit und akzeptiert seine Schuld an der Zerstörung. Das Stück zeigt ihn nicht als vom Thron Gestoßener und wie Lear als heimatloser Elender sein früheres Reich durchwandern. Er bleibt König von Sizilien, beginnt sich aber in Reue und Selbstanklage zu üben. Erst nach 16 Jahren – die Zeit selbst tritt als Chor auf und bittet das Publikum, sich vorzustellen, es habe so lange geschlafen – geht die Geschichte weiter. Auch jetzt ist Leontes noch immer in tiefster Reue gefangen. Seine Höflinge drängen ihn, sich endlich zu vergeben, neu zu heiraten und dem Reich einen Thronerben zu schenken. Doch Paulina, praktisch in der Rolle seiner Therapeutin, zwingt ihn unbeirrt zu erkennen, was er getan hat, und unverheiratet zu bleiben:

> Auch wenn Sie alle Fraun der Welt sich freiten
> Oder von jeder je das Gute nähmen,
> Um die vollkommne Frau zu schaffen – die, die
> Sie mordeten, bleibt unerreicht.
> (V, 1, 13-16)

»Ja. Mordete!/Die, die ich mordete!«, antwortet Leontes, »Ich tat's, doch schwer/Trifft's, wenn du mir sagst, *daß* ich's tat« (V, 1, 13-18). Er willigt ein, niemals ohne Paulinas Zustimmung zu heiraten.

Schließlich schafft es das *Wintermärchen*, den König mit seiner verlorenen Tochter und durch einen spektakulären Coup de Théâtre auch mit seiner tot geglaubten Frau zu vereinen. Im gedämpften Raum von Paulinas Galerie wird ihm Hermiones Statue präsentiert. Scheinbar durch ein Wunder wird die Statue lebendig, steigt vom Sockel und umarmt ihren Ehemann und ihre Tochter.

Doch nichts kann die Erinnerung an die Tyrannei gänzlich tilgen, nichts kann die in Isolation und Elend verbrachten sechzehn Jahre zurückbringen, nichts kann die süße Unschuld von Freundschaft, Vertrauen und Liebe wiederherstellen. Als Leontes voller Erstaunen seine Frau erkennt, fallen ihm als Erstes die Zeichen ihres Alterns auf: »Doch sie war,/Paulina, nicht so voller Falten, keineswegs/So alt, wie sie hier scheint« (V, 3, 27-29).

Jenseits der durch Tyrannei vergeudeten Jahre mag es neues Leben geben, aber dieses Leben ist nicht dasselbe wie früher. Der kleine Mamillius, der vor Trauer starb und eben nicht in der Schwindel erregenden Folge glücklicher Wiedervereinigungen magisch zum Leben erweckt wird, ist wohl das schmerzlichste Sinnbild für all das, was durch Tyrannei unwiederbringlich zerstört wurde.

Dennoch erlaubt sich das *Wintermärchen* mehr als jedes andere Stück Shakespeares den Traum einer zweiten Chance. Diese Erneuerung nach der Katastrophe wird erst möglich durch eine der kühnsten und unwahrscheinlichsten Fantasien des Dramatikers: die bedingungslose, aufrichtige Reue des Tyrannen. Sich diese innere Wandlung vorzustellen, fällt fast so schwer wie die Vorstellung, eine Statue würde zum Leben erweckt.

Kapitel 9

FALL UND WIEDERAUFSTIEG

Das glückliche Ende im *Wintermärchen* folgt der literarischen Gattung der Romanze, die bewusst und spielerisch realistische Erwartungen unterläuft. Shakespeare und sein Publikum wussten sehr gut, dass die historischen Quellen nur selten die wundersame Erlösung von tyrannischer Herrschaft bezeugen. Das machte zugleich den Reiz dieser Art von Fiktion aus, mit ihren wilden Verwicklungen und der Schlusskaskade aus wunderbarer Wiederbegegnung, Versöhnung und Vergebung. »Soviel Wunder über Wunder sind diese Stunde hereingebrochen, daß kein balladenschreibender Jahrmarktschreier sie in Worte fassen könnte«, bemerkt ein Beobachter am Ende des Stücks (V, 2, 23-25).

Doch Shakespeare gönnte sich nicht nur Fantasielösungen für die Verwicklungen der Tyrannei. Vielmehr ist das *Wintermärchen* ein seltener Ausbruch aus dem realistischen Denken, dem er in seiner Laufbahn lange verhaftet war, ein Denken, das sich den Möglichkeiten widmete, wie der Albtraum zu beenden sei. Der Tyrann besitzt stets und unweigerlich mächtige Feinde, dies war dem Dramatiker bewusst. Manche kann er jagen und töten; andere unter seinen Willen zwingen, sodass sie ihm »Lippendienst« leisten, wie Macbeth es nennt. Er kann in jedem Haus Spitzel platzieren und im Dunkeln lauschen, was um ihn herum geflüstert wird. Er kann seine Anhänger belohnen, seine Truppen versammeln und eine endlose Folge öffentlicher Events inszenieren, die seine großen Leistungen feiern. Aber nicht jeden, der ihn hasst, kann er vernichten. Irgendwann hassen ihn fast alle.

Wie eng das vom Tyrannen gesponnene Netz auch sein mag, irgendwer schlüpft immer hindurch und bringt sich in Sicherheit. »Du bist verbannt, du darfst hier nicht mehr sein«, sagt der römische General Titus Andronicus zu Lucius, dem einzigen Überlebenden seiner 25 Söhne (*Titus Andronicus*, III, 1, 283). Der Tyrann Saturninus hat gerade die letzten beiden Brüder seines Sohns abgeschlachtet und die Vergewaltigung seiner Schwester geduldet. Lucius entkommt zu den Goten, wo er eine Armee aufstellt und zurückkehrt, um den Tyrannen zu töten und die Macht zu übernehmen. Zum Schluss äußert er den Wunsch, »daß mein Regiment/Roms Wunden heile und Roms Leid beend« (V, 3, 147-148). Ähnlich drängt auch Königin Elisabeth in *Richard III.* ihren Sohn Dorset: »Wenn du dem Tod entgehn willst, geh, kreuz übers Meer/und leb bei Richmond« in der Bretagne. »Geh: eil, eil fort aus diesem Schlächterhaus«, fleht sie ihn an (IV, 1, 41-43). Sein Bruder, sein Onkel und seine beiden Halbbrüder sind vom Tyrannen ermordet worden, zusammen mit unzähligen anderen, aber Dorset kann sich Richmond anschließen, der mit seinen Truppen den verhassten Tyrannen stürzt. Der Sieger gibt am Schluss des Stücks ein ähnliches Versprechen, die Wunden der Nation zu heilen: »Und laß dies Haus, Gott, wenn's Dein Wille ist,/Die Zeit, die kommt, mit weichem Frieden segnen,/Mit heitrer Fülle und reichblühnden Tagen« (V, 5, 32-34).

Auch in *Macbeth* erkennen die Söhne des ermordeten Königs, in welcher Gefahr sie schweben. Dies ist kaum der Moment, ihren Gastgebern, den Macbeths, höflichen Dank abzustatten. »Was gibt's zu reden/Hier, wo aus jedem Mauerloch uns Mord/Anfallen kann und packen?«, flüstert der eine, und der andere stimmt zu: »Drum nun zu Pferd;/Und nicht viel Umstand mehr mit Lebewohl« (II, 3, 118-120, 140-141). Die Söhne schleichen davon, tragen den falschen Vorwurf des Vatermords und kehren zurück, um den Tyrannen zu stürzen. Das Stück endet aber düsterer als *Titus Andronicus* oder *Richard III.* Der zum neuen schottischen König ausgerufene Malcolm sagt, dass er nicht nur plant, »Freunde heimzurufen vom Exil, die vor/Den Schlingen wachsamer Tyrannis flohn«, sondern auch »dingfest [zu] machen alle Schergen des/Blutschlächters und der Satanskönigin« (V, 9, 32-35). Es wird eine Abrechnung geben.

Fliehe außer Reichweite des Tyrannen, überquere die Grenze, verbünde dich mit anderen im Exil und kehre mit einer Invasionsarmee zurück. So lautet die Grundstrategie, und sie entstammt nicht nur der Fiktion. Sie hat Widerstandskämpfern in Nazi-Deutschland, Vichy-Frankreich und an vielen anderen Orten gedient. Wie Shakespeare wusste, ist sie nicht ohne Risiko. Der Plan kann schiefgehen wie der von Buckingham und mit Exekution statt Flucht enden. Freunde und Familie können Leid erfahren. Der Tyrann kann einen geliebten Menschen als Geisel halten, wie Richard III. es mit Lord Stanleys Sohn getan hat. »Schau, daß dein Herz/Ja fest bleibt, sonst steht's schlecht um dessen Kopf«, droht er dem gepeinigten Vater (IV, 4, 495-496). Macduff erlebt, wie unschuldige geliebte Menschen der Schlag treffen kann.

Der hohe Preis für diese Strategie des Widerstands wird in *König Lear* höchst eindrücklich geschildert. Obwohl ihr Vater sie vor seinem Thronverzicht in senilem Zorn enterbt hat, ist Cordelia entschlossen, ihn vor ihren beiden bösen Schwestern Goneril und Regan zu retten, die mit ihren Männern das Land regieren und jetzt dem alten Mann ans Leben wollen. Als sie aus Frankreich, dessen König sie geheiratet hat, an der Spitze einer Armee nach England zurückkehrt, verkündet sie ihre selbstlosen Motive: »Kein hohler Ehrgeiz treibt Uns zum Gefecht,/Nur Liebe, Lieben und Unsers Vaters Recht« (*König Lear*, IV, 4, 27-28). Heimlich haben ihre Truppen mit wichtigen Figuren im Königreich in Verbindung gestanden, Menschen, die von der schroffen Behandlung des alten Königs durch Goneril und Regan abgestoßen waren und die Spannungen zwischen ihren Ehemännern wahrgenommen haben, dem wohlmeinenden, aber schwachen Herzog von Albany und dem unsäglich grausamen Herzog von Cornwall. Die Bühne scheint bereitet für den Triumph des Anstands, ein Sieg wie der von Richmond über Richard oder Macduff über Macbeth.

Doch es kommt anders. Wider Erwarten triumphieren die Truppen der bösen Schwestern. Cordelia und ihre Armee werden besiegt. Sie und ihr Vater werden gefangengenommen, eingekerkert, und Edmund, der General der siegreichen britischen Truppen, befiehlt Cordelias Tod. Da Albany schwach und Regans Ehemann Cornwall tot ist, steht Edmund kurz davor, das Reich zu beherrschen. Der uneheliche Sohn des Grafen von Gloucester hat keinen legitimen Thronanspruch, verbindet in seiner Person aber viele Attribute des Tyrannen. Er ist mutig, einfallsreich, heuchlerisch und völlig skrupellos. Seine Stellung hat er erreicht, indem er erst ein Komplott zur Verbannung seines Bruders Edgar organisierte und dann den eigenen Vater verriet. Beide bösen Schwestern sind verrückt nach ihm, und er grübelt munter über die mögliche Wahl: »Welche nehm ich? beide? eine?/Ja, oder keine?« (V, 1, 57-58).

In allen historischen Quellen ist die tugendhafte Cordelia die Siegerin, die den Thron besteigt, doch in Shakespeares Version wird sie schockierenderweise im Gefängnis erhängt. Sie war es, die im Stück alles Anständige und Aufrechte verkörperte, die Hoffnung auf Erlösung von all der Grausamkeit und Ungerechtigkeit, die das Königreich erfasst haben. Ihr Tod hinterlässt eine Wunde, die nie vollständig heilen wird. Doch zumindest der Triumph des Bösen ist kurzlebig. Regan wird von ihrer eifersüchtigen Schwester Goneril vergiftet, Edmund fällt im Kampf mit seinem Bruder Edgar, gegen den er intrigiert hatte, und Goneril begeht Selbstmord. Keine der wirklich bösen Figuren im Stück überlebt, um die Früchte des Sieges zu ernten.

Dennoch kann ihr Tod nicht die Tragödie Cordelias oder den unsagbaren Schmerz ihres Vaters auslöschen, der bei der Nachricht an gebrochenem Herzen stirbt:

> Und's arme Närrchen ist gehenkt! Kein, kein, kein
> Leben!
> Was darf ein Hund, ein Pferd, ein Ratz ein Leben haben
> Und du nicht mal ein Atmen? Du kommst nie wieder,
> Niemals, niemals, niemals, niemals, niemals!
> (V, 3, 305-308)

Shakespeare beharrt hier eindringlicher als irgendwo anders in seinem Werk darauf, dass die Tyrannei unwiederbringlichen Schaden anrichtet. Es gibt hier kein Gegenstück zu Richmonds stolzer Erklärung »Der Tag ist unser; dieser Bluthund tot« (*Richard III.*, V, 5, 2) oder Macduffs »Schau hier, hier steckt/Des Usurpators Kopf: die Welt ist frei« (*Macbeth,* V, 9, 20-21). Als in *König Lear* ein Bote verkündet: »Edmund ist tot, Mylord«, antwortet Albany: »Das zählt hier nur wie nichts« (V, 3, 295).

Shakespeare glaubte nicht, dass Tyrannen sich je sehr lange halten würden. Egal wie schlau sie ihren Aufstieg planten, einmal an der Macht waren sie erstaunlich inkompetent. Da sie keine Vision für das Land besaßen, das sie regierten, waren sie unfähig, dauerhaften Rückhalt zu finden, und obwohl sie grausam und gewalttätig waren, waren sie niemals imstande, die gesamte Opposition zu vernichten. Ihre Isolation, ihr Misstrauen und Zorn, oft gepaart mit übersteigerter Arroganz, beschleunigten ihren Sturz nur noch mehr.

Doch in *König Lear* machen die übermächtige »allgemeine Trauer« und das »versehrte Land« (V, 3, 318-320) es für Shakespeare schwer, solche Gesten zu inszenieren. Der plausibelste Kandidat, um die Welt wiederaufzubauen, ist der junge Edgar. In einem frühen Text des Stücks spricht er die letzten Zeilen, in einem anderen ist es Albany, der zum Guten neigt, aber moralisch korrumpiert ist. Es scheint, als hätten die Schauspieler des Ensembles konkurriert, wer sie sprechen solle, oder Shakespeare war selbst unsicher. In jedem Fall sind die Zeilen nicht, wie wir hätten erwarten können, eine Manifestation politischer Führung, sie drücken eher die traumatischen Nachwirkungen der Qualen aus, die das Königreich zu erleiden hatte:

Den Druck der trüben Zeit muß man nun tragen;
Was man fühlt, sprechen, nicht, was man sollte, sagen.
Der Ältste trug am schwersten: jung daneben
Werden wir nie so viel sehn noch so lange leben.
(V, 3, 323-326)

Hier erklingt die Stimme eines Mannes, der für eine Gemeinschaft spricht, die unter Schock steht.

In *Richard III.* schart sich die Hauptopposition gegen die Tyrannei um den Grafen von Richmond, in *Macbeth* um den Königssohn Malcolm. Beide gelangen schließlich an die Macht. In *König Lear* gibt es keine vergleichbare Figur. Stattdessen zeigt sich der mutige Anstand erstaunlicherweise in einer Nebenfigur weit unter dem sozialen Radar der Gesellschaft, deren Namen wir niemals erfahren. Es ist ein Diener, einer aus der Masse der Untergebenen, die all jene Personen von großem Reichtum und Autorität umgeben, und was er mit ansieht, gefällt ihm nicht. Sein Herr, der mit Regan verheiratete Herzog von Cornwall, führt persönlich ein Verhör durch. Nach Lears Thronverzicht ist Cornwall einer der beiden Herrscher des Landes. Und er hat von der französischen Invasionstruppe unter Cordelias Befehl erfahren, die Lear wieder auf den Thron bringen soll. Es muss unbedingt verhindert werden, dass der alte König Cordelias Armee erreicht, aber Cornwall hat nun gehört, dass der Adlige, in dessen Haus er sich befindet, der alte Graf von Gloucester, zu den Invasoren hält und Lear nach Dover geschickt hat.

Cornwall lässt Gloucester an einen Stuhl fesseln und beginnt ihn mit seiner Frau zu verhören: »Weshalb nach Dover? … Weshalb nach Dover? … Weshalb nach Dover?« (III,

7, 50-53). Als er nicht die gewünschten Antworten erhält, befiehlt Cornwall seinen Dienern, den Stuhl festzuhalten, dann lehnt er sich über ihn und reißt ihm ein Auge aus. Die Szene ist verblüffend – oft fallen Zuschauer in Ohnmacht –, aber was gleich darauf folgt, musste einem Renaissancepublikum, das wusste, dass man mutmaßliche Verräter häufig folterte, noch verblüffender erscheinen. Als die teuflische Regan ihren Ehemann drängt, auch das andere Auge auszureißen, ruft plötzlich jemand: »Nein, halt, Mylord!« Shakespeare tut nichts, um den Schock des unerwarteten Befehls zu mildern. Die Worte stammen nicht von einem Sohn Gloucesters, einem adligen Zuschauer, einem verkleideten Gentleman oder irgendjemandem aus Gloucesters Haushalt. Sie stammen von einem Diener Cornwalls, der gewohnt ist, ihm zu gehorchen: »Ich hab von Kindheit an gedient bei Ihnen,/ Doch bessern Dienst tat ich für Sie noch nie,/Als jetzt zu bitten ›Halt!‹« (III, 7, 69-72).

König Lear behandelt das Thema der Tyrannei nicht auf irgendeine theoretische Weise, aber das Stück zeigt einen unvergesslichen Moment, in dem ein Diener des Herrschers den Zwang empfindet, das zu stoppen, was er mit ansieht. Regan ist von der Störung erzürnt – »Was denn, du Hund!« –, und Cornwall, der sein Schwert zieht und ihn als feudalen Vasallen (»villain«) anredet, nicht minder. Es folgt ein Kampf zwischen Herr und Knecht, der damit endet, dass die von der Kühnheit eines Lakaien erstaunte Regan – »Ein Bauer lehnt sich auf!« – ihn mit einem Schwert durchbohrt (III, 7, 72-77).

Dann geht die Folterszene weiter, und Cornwall drückt Gloucester auch das andere Auge aus. Das verruchte Paar wirft den geblendeten Mann mit einem der grausamsten Befehle bei Shakespeare aus dem Haus – »Geht, werft ihn raus vors Tor; soll sich den Weg/Nach Dover riechen« –, und Cornwall lässt die Leiche des Dieners beseitigen, der es wagte, ihm Einhalt zu gebieten: »Da den Schuft/Schmeißt auf den Mist« (III, 7, 90-94). Doch es stellt sich heraus, dass der Diener nicht umsonst gestorben ist. Cornwall hat eine Wunde empfangen, an der er kurz darauf stirbt. Sein Tod und die öffentliche Abscheu, die der Anblick des geblendeten Greises erzeugt, schwächen die Partei von Goneril, Regan und Edmund.

Shakespeare glaubte nicht, die einfachen Leute könnten ein Bollwerk gegen die Tyrannei bilden. Er war überzeugt, sie seien allzu leicht durch Parolen zu manipulieren, durch Drohungen einzuschüchtern oder durch triviale Geschenke zu bestechen, um treue Verteidiger der Freiheit zu sein. Seine Tyrannenmörder entstammen meist derselben Elite wie die ungerechten Herrscher, die sie absetzen und töten. Mit dem namenlosen Diener in *König Lear* schuf er jedoch eine Figur, die zum Symbol des populären Widerstands gegen Tyrannen wird. Dieser Mann weigert sich, stumm dabeizustehen und zuzusehen. Es kostet ihn das Leben, aber er tritt für die Menschlichkeit ein. Obwohl er eine kleine Nebenfigur ist und nur eine Handvoll Zeilen spricht, zählt er zu Shakespeares großen Helden.

Die Verwüstung am Schluss von *König Lear* wirft in ihrer extremsten Form Fragen auf, die alle Darstellungen der Tyrannei bei Shakespeare betreffen. Wie können wachsame und mutige Menschen nicht nur dem Zugriff des Tyrannen entgehen, um ihn zu bekämpfen und zu stürzen, sondern ihn schon im Voraus hindern, an die Macht zu kommen? Wie kann man die Verwüstung stoppen? In *Richard III.* versucht die vom Hass verzehrte Königin Margaret, die wie eine dunkle Nemesis den Hof König Edwards umschwebt, den Herzog von Buckingham, den sie von ihrem Hass ausnimmt, vor Richard zu warnen:

> O Buckingham, hab Acht dort auf den Hund!
> Schau, wenn er schwänzelt, beißt er; und wenn er beißt,
> Wird sein Zahn giftig schwären bis zum Tod.
> Hab nichts mit ihm zu tun; hüt dich vor ihm;
> Tod, Sünd und Hölle ließen ihm ihr Mal,
> Und alle ihre Knechte dienen ihm.
> (I, 3, 289-294)

Doch der Herzog ignoriert ihre Warnung und wird stattdessen einer der wichtigsten Helfer bei Richards Aufstieg zur Macht – bis er selbst Richards Axt zum Opfer fällt.

In *König Lear* versucht der mutige Kent durch kühne Worte den König, dem er treu dient, davon zu überzeugen, aus seinem Wahn zu erwachen und den Fluch zurückzunehmen, den er gegen die einzige Tochter ausgesprochen hat, die ihn wirklich liebt. Doch im Angesicht von Lears Zorn stellt sich niemand auf Kents Seite, und er wird unter Androhung der Todesstrafe verbannt. Als Kent sich verkleidet, um seinem Herrn weiter zu dienen, kann er den katastrophalen Abstieg nicht verhindern. Wenn überhaupt, so facht seine Kühnheit nur die Wut der beiden bösen Töchter an, und das

Königreich stürzt wie der alte König selbst in Wahnsinn und Verderben.

Ein einziges Stück von Shakespeare beschreibt den systematischen Versuch, die Tyrannei im Keim zu ersticken. Zu Beginn von *Julius Cäsar* wollen die Tribune Marullus und Flavius das Volk davon abhalten, Cäsars Sieg über Pompeius zu feiern. Sie sehen voraus, dass die Begeisterung des Mobs für den General gefährliche politische Implikationen hat, und reißen die Dekorationen herunter, mit denen seine Statuen behängt sind:

> Den Flaum im Wuchs aus Cäsars Flügeln rupfen,
> Heißt, seinem Höhenflug eng Grenzen setzen,
> Wo er sonst hochstieg, außer Menschensicht,
> Und uns in Sklaven-Furcht hielt allesamt.
> (*Julius Cäsar,* I, 1, 74-77)

Diese Versuche sind nicht ohne Risiko. »Marullus und Flavius hat man zum Schweigen gebracht, weil sie die Ehrenzeichen von den Cäsar-Büsten gerissen haben«, heißt es wenig später (I, 2, 279-280).

In der zweiten Szene des Stücks vertrauen zwei Schlüsselfiguren im römischen Senat einander dieselbe Sorge an. Im Gespräch mit Cassius schreckt Brutus jedes Mal auf, wenn er von fern das Gebrüll der Menge hört. »Was soll die Jubelei?«, fragt er nervös, »Ich fürcht, das Volk/Wählt Cäsar sich zum König« (I, 2, 78-79). Cassius ergreift die Gelegenheit, seine eigene Wut und Ratlosigkeit über Cäsars hohe Stellung zu äußern:

Na, Mann, der steht wie der Koloß von Rhodos
Breitgrätschig auf der engen Welt, indes
Wir Kleinen unterm Riesenbein wegwuseln
Und uns ein Plätzchen suchen für ein Sklavengrab.
(I, 2, 133-136)

Man müsse begreifen, dass dieses Geschehen kein mysteriöses, unausweichliches Schicksal ist, betont Cassius. »Es liegt, mein Brutus, nicht an unsern Sternen,/Nein, nur an uns, daß wir Getretne sind« (I, 2, 138-139). Und daraus folgt, dass es möglich ist, die drohende Tyrannei zu bekämpfen.

Brutus ist sich dieser Schlussfolgerung selbst bewusst und hat viel darüber nachgedacht. Er verspricht Cassius, das Gespräch bald fortzusetzen. Bevor sie sich trennen, erfahren sie, dass die Menge jubelte, als Cäsar dreimal die Krone ablehnte, die Antonius ihm anbot. Diese Ablehnung bringt die Sache aber nicht in Ordnung. Casca verbreitet ein Gerücht über die Pläne des Senats für den nächsten Tag: Man will Cäsar zum König machen, der seine Krone überall, außer in Italien, tragen darf. Cassius erklärt daraufhin, er wolle sich lieber das Leben nehmen, als unter einer solchen Herrschaft zu leben. Die Fähigkeit, das eigene Leben zu beenden, verleiht nach seinen Worten eine Art Freiheit: »Darin, ihr Götter, schenkt ihr Schwachen Stärke;/Darin, ihr Götter schlagt ihr die Tyrannen« (I, 3, 91-92).

Wie wir bald darauf erfahren, denkt Brutus auch an die Freiheit von Tyrannei, aber nicht im Zusammenhang mit Selbstmord. »Es muß durch seinen Tod sein«, sagt er. Seine Worte sind nicht Teil eines Gesprächs. Sie werden von niemandem auf der Bühne mit angehört, seinen Diener hat er weggeschickt. Mitten in der Nacht grübelt er in seinem Obstgarten nach. Weder das »es« in »es muß ... sein«, noch das »seinen« in »seinen Tod« wird erläutert. Wir lauschen einem Geist in höchster Unruhe, darum gibt es keinen Prolog.

Es muß durch seinen Tod sein: nun ich selbst,
Ich selbst hab keinen Grund, ihn zu zertreten,
Als nur für's Staatswohl. Er will eine Krone:
Wie das sein Wesen ändern könnt, das ist die Frage.
Der warme Tag, der lockt die Natter raus,
Und drum gib acht beim Gehen. Ihn krönen? – gut ...
(II, 1, 10-15)

Shakespeare hatte nie zuvor so etwas geschrieben. Wie sollen wir es lesen?

Brutus setzt das »Staatswohl« seinem persönlichen »Grund« entgegen, aber sein langer Monolog untergräbt jeden Versuch, eine klare Linie zwischen abstrakten politischen Prinzipien und realen Menschen mit ihren psychischen Eigenheiten, ihrer Unberechenbarkeit, ihrer schwer fassbaren Innerlichkeit zu ziehen. Die Verben »will« und »könnte« schimmern und tanzen mehrdeutig durch die Windungen eines besessenen Geistes. Die Wendung »das ist die Frage«, die Hamlets berühmte Worte vorwegnimmt, umhüllt Brutus' Gedankengang wie ein giftiger Nebel.

Alte Römer sahen sich nicht als Männer der Selbstreflexion, sondern als Männer der Tat. Sie wollten die Welt erobern, philosophische Betrachtung und neurotische Nabelschau den Griechen überlassen. Hinter dem Schleier öffentlicher Rhetorik in Rom erkannte Shakespeare jedoch hin und her gerissene

Menschen, die sich unsicher über den richtigen Weg waren und allenfalls vage erkannten, was sie eigentlich zum Handeln antrieb. Die Gefahr war umso größer, weil sie auf einer Weltbühne handelten und ihre verborgenen persönlichen Motive gewaltige und womöglich katastrophale öffentliche Folgen haben konnten.

»Das ist die Frage«, sagt Brutus, erklärt aber nicht, was die Frage eigentlich ist. Ihn quälen mehrere schwierige, miteinander verschlungene Fragen. In welcher Gefahr steckt die römische Republik, die ich liebe und mit meinem Leben verteidigen werde? Was will Cassius von mir? Wie wahrscheinlich ist es, dass Cäsar – der gerade dreimal eine ihm dargebotene Krone abgelehnt hat – sich zum Tyrannen entwickeln wird? Was ist der beste Weg, um eine Katastrophe zu verhindern? Wie soll meine enge, langjährige Freundschaft zu Cäsar meine Entscheidung beeinflussen? Wäre es sinnvoller, einfach stillzuhalten und abzuwarten?

Ein volkstümliches Sprichwort – »Der warme Tag, der lockt die Natter raus« – führt zu der Warnung: »Und drum gib acht beim Gehen.« Beide machen dann ohne Zusammenhang einem Ausruf Platz – »Ihn Krönen – gut«, der die verbale Spur einer Fantasie zu sein scheint, die Brutus ungewollt durch den Kopf schwirrt. So geht die Rede weiter, verknüpft das Natürliche mit dem Sozialen, vermischt eigene Beobachtung und persönliche Einbildung und bewegt sich inkohärent und schicksalhaft auf ein Mordkomplott zu, dessen öffentliche Rechtfertigung der Mörder bereits wie eine Art Presseerklärung formuliert:

Und weil der Vorwurf
Nicht Hand noch Fuß hat, so wie Cäsar ist,
Sei's so gedreht: das, was er ist, gesteigert,
Würd dies und jenes Machtunmaß erreichen.
(II, 1, 28-31)

Wir beobachten die Genealogie eines großen weltgeschichtlichen Ereignisses, die Ermordung Julius Cäsars, aber wir sollen sie zugleich von außen und von innen betrachten.

Die Figuren in *Julius Cäsar* versuchen sich zu klaren politischen und philosophischen Prinzipien zu bekennen. Cassius nennt sich einen Anhänger des Epikur, was für ihn impliziert, dass die Menschen allein für ihr Glück oder Unglück verantwortlich sind, weder Götter noch Schicksal. Wie die akademische Schule der skeptischen Philosophen, so sagt auch Cicero: »Doch Menschen deuten Dinge oft nach eignem Maß,/Weitab vom wahren Sinn der Dinge selbst« (I, 3, 34-35). Brutus ist ein Stoiker, gleichgültig gegenüber Vorzeichen und Weissagungen. Später im Stück, als er schon vom Tod seiner Ehefrau erfahren hat, stellt er sich unwissend, um seine absolute Selbstbeherrschung zu demonstrieren: »Leb wohl dann, Portia. Alle müssen sterben« (IV, 3, 189). Doch die kalkulierte Demonstration lässt bereits daran zweifeln, wie authentisch dieses Prinzip ist, und das Stück untergräbt wiederholt alles, was philosophisch kohärent erscheint.

Keine der Figuren – gewiss nicht Julius Cäsar, Antonius oder Cassius – verkörpert eine stabile Position, geschweige denn ein abstraktes Ideal. Brutus kommt dem am nächsten, und am Ende des Stücks sagt Antonius über ihn: »Von denen alln war er der größte Römer« (V, 5, 68). Aber das sind öffentliche Beteuerungen des zynischen Siegers, und wir haben bereits von innen gesehen, wie trüb, verworren und schwankend Brutus' Gedanken sind. Doch trotz aller Unsicherheit, die jede Wahl bedingt, man muss sich entscheiden, und Brutus beschließt, Cäsar zu töten. Da er glaubt, dass nur dieser drastische Schritt die Republik retten wird, verleiht er sein enormes Prestige den Verschwörern, die alle ihre je eigenen verworrenen Motive haben, und im entscheidenden Moment, an den Iden des März, sticht er mit den anderen sein Messer in den Körper des Freunds.

»Bückt euch, Römer, bückt euch«, sagt Brutus nach der Tat zu seinen Mitverschwörern:

> Und baden wir in Cäsars Blut die Hände
> Bis an die Ellenbogen, und beschmiert die Schwerter:
> Dann treten wir hinaus, bis hin zum Markt,
> Und schwingen überm Kopf die roten Waffen
> Und schreien »Friede, Freiheit und Befreiung!«
> (III, 1, 105-110)

Er stellt sich vor, man werde sie auf Generationen hinaus als die Retter Roms feiern. Ihre Sache ist gerecht, und er ist zuversichtlich, dass sie gerade deshalb als solche erkannt wird, weil sie keine zynischen Politiker sind, sondern Männer mit edlen Idealen.

Doch es kommt anders. Das Problem besteht nicht nur darin, dass die Motive jedes Einzelnen zwangsläufig komplexer sind als die verbreiteten Parolen, sondern auch dass Handlungen, die auf edlen Idealen beruhen, in der realen Welt plötzliche und manchmal auch ironische Wendungen nehmen können. Brutus träumt davon, Ideale wie Ehre, Gerechtigkeit und Freiheit könnten irgendwie in reiner Form existieren, unberührt von niederen Beweggründen und vertrackten Kompromissen. Doch sein entschiedenster Versuch, aus reinem Prinzip zu handeln, ist seine Weigerung, neben Cäsar auch Antonius zu töten, und diese Weigerung ist eine politische Katastrophe. Antonius ist nämlich nicht nur einer von Cäsars loyalsten Anhängern, er ist auch ein brillanter Demagoge, dessen berühmte Rede über Cäsars Leichnam – »Landsleute, Römer, Freunde, schenkt mir Gehör …« (III, 2, 73) – den Bürgerkrieg auslöst, der die Republik zerstört, also gerade die Institution, die die Verschwörer retten wollten.

Shakespeare zeigt, dass Brutus' Wunsch, seine Motive frei von jeder Befleckung durch Eigeninteresse oder Gewalt zu halten, eine Illusion ist. Er möchte die Bedrohung vernichten, die Cäsar verkörpert – die Bedrohung der Tyrannei –, ohne Cäsar selbst zu vernichten, doch selbst Brutus erkennt, dass diese saubere, unblutige Verteidigung der Freiheit unmöglich ist:

> Oh, kämen wir doch Cäsars Geist nur bei
> Und ohne Cäsar zu zerstücken! Aber ach!
> Cäsar muß für ihn bluten.
> (II, 1, 169-171)

Shakespeare zieht Brutus' Widerstand gegen das Blutvergießen, das die anderen Verschwörer nach dem Mord planen, nicht ins Lächerliche. In diesem Widerstand drückt sich ein Adel des Geistes aus, der sich markant vom zynischen Opportunismus Antonius' und seiner Verbündeten abhebt, die sofort die Gelegenheit ergreifen, ihre Feinde umzubringen. Aber der Traum von Reinheit ist eine vollkommene Illusion und von Ironie umstellt. Er lässt völlig außer Acht, wie wankelmütig die Masse der einfachen Römer ist.

Julius Cäsar bietet keine Lösung für die psychologischen und politischen Zwangslagen, die das Stück so erbarmungslos vorführt. Es gibt keinen Moment der klaren Erkenntnis, gewiss nicht für Cassius (der Selbstmord begeht, weil er den Ausgang der chaotischen Schlacht bei Philippi hoffnungslos missversteht) oder für Brutus, der von Cäsars Geist heimgesucht wird. Stattdessen zeichnet die Tragödie auf völlig neue Weise ein Bild politischer Unsicherheit, Verwirrung und Blindheit. Der Versuch, eine Verfassungskrise abzuwenden, falls Cäsar beschließen sollte, sich zum Tyrannen zu erheben, beschleunigt den Zusammenbruch des Staates. Was die Republik retten sollte, führt zu ihrer Zerstörung. Cäsar ist tot, aber am Ende des Stücks triumphiert der Cäsarismus.

Kapitel 10

AUFHALTSAMER AUFSTIEG

Ebenso wie das Individuum schützt sich auch die Gesellschaft als Ganzes normalerweise vor Soziopathen. Wenn wir nicht die Fähigkeit entwickelt hätten, Bedrohungen von innen wie von außen zu erkennen und damit fertigzuwerden, hätten wir als Art nicht überlebt. Gemeinschaften sind für gewöhnlich wachsam gegenüber der Gefahr, die von bestimmten Personen in ihrer Mitte ausgeht, und es gelingt ihnen, sie zu isolieren oder auszustoßen. Deshalb ist Tyrannei nicht die Norm der sozialen Organisation.

Unter besonderen Umständen ist der Schutz aber schwieriger als vermutet, denn manche der gefährlichen Eigenschaften des potenziellen Tyrannen können nützlich sein. Shakespeares großes Beispiel für diesen zweifelhaften Nutzen ist Gaius Marcius, bekannter als Coriolan, dessen Eigenschaften – er war aggressiv, herrschsüchtig und gleichgültig gegenüber Schmerz – ihn zum erfolgreichen Verteidiger Roms im 5. Jahrhundert v. Chr. machten. Der Dramatiker fand den Grundriss dieser Geschichte in einer seiner Lieblingsquellen, Plutarchs Biografien großer Griechen und Römer, und er formte daraus die letzte seiner Tragödien.

Coriolan ist in einer fernen Vergangenheit angesiedelt,

doch indirekt thematisierte das Stück aktuelle drängende Fragen. Nahrungsmittelknappheit in England durch wiederkehrende Missernten hatte seit Generationen zu lautstarken Protesten im Volk geführt. 1607 brach in Mittelengland ein großer Aufstand los, der sich von Northamptonshire rasch über Leicestershire und Warwickshire ausbreitete. Tausende von Menschen prangerten die verhasste Praxis an, in der Hoffnung auf höhere Preise das Getreide zu horten, und forderten die lokalen Grundbesitzer auf, die illegale Einhegung öffentlicher Flächen zu beenden.

Der Anführer der Rebellen war John Reynolds, genannt »Hauptmann Beutel« wegen seiner kleinen Tasche, deren magischer Inhalt die Protestierer schützen sollte. Reynolds forderte seine Anhänger zur Gewaltlosigkeit auf, und meist begnügten sie sich damit, die Hecken niederzureißen und die Gräben zuzuschütten, mit denen Grundbesitzer das ursprüngliche Gemeindeland für ihren Profit einzugrenzen versuchten. Die örtlichen Büttel griffen nicht ein, doch die Grundbesitzer waren tief besorgt. Shakespeare hatte allen Grund, diese Sorge zu teilen, denn er besaß Land in Warwickshire und hatte in bescheidenem Umfang selbst Getreide gehortet. Die Frage war also, wie man auf die Störung der Ordnung reagieren solle.

Die Eliten debattierten die beste Strategie für den Umgang mit den Protesten, manche plädierten dafür, Lebensmittel zu verteilen und die Einhegungen zu beenden, andere wollten hart bleiben. Versuche »keinerlei Überredung, bis du 40 oder 50 gut bewaffnete Reiter hast, die 1000 von diesen nackten Spitzbuben niederreiten und in Stücke hauen«, schrieb der Graf von Shrewsbury an seinen Bruder, den Grafen von Kent.[19] Diese brutale Haltung setzte sich durch. Im Juni 1607 wurden Dutzende von Protestierern von den bewaffneten Knechten der Grundbesitzer getötet, Hauptmann Beutel wurde ergriffen und gehängt. (Laut einem zeitgenössischen Chronisten enthielt sein Beutel »bloß ein Stück grünen Käse«.) Die Revolte in Mittelengland war beendet.

Shakespeares Stück beginnt mit einer Hungerrevolte im alten Rom, und Coriolan ist ganz der Meinung des Grafen von Shrewsbury, wie mit der Situation umzugehen sei:

> Würd doch der Adel
> Sein Mitgefühl mal lassen und gäb mir
> Mein Schwert frei: Leichenberge tät ich häufen
> Aus tausend solch zu Klump gehackter Lumpen,
> So hoch, wie ich die Lanze werfen kann.
> (*Coriolan,* I, 1, 193-197)

Zu seinem großen Missfallen beschließen die Patrizier indessen, die Masse zu besänftigen, und räumen ihr eine gewisse politische Teilhabe ein, in Gestalt zweier Tribune, die für ihre Interessen sprechen. Für Coriolan sind diese beiden zwei zu viel. Das gewöhnliche Volk sollte keine Vertretung haben; es sollte schlicht tun, was man ihm sagt.

Die Patrizier – die Partei der »aufrechten Höhergestellten«, wie einer ihrer Hauptvertreter sie nennt (II, 1, 21-22) – haben ein einziges Interesse. Sie wollen durch etwas, das wir heute Fiskalpolitik nennen würden, sicherstellen, dass die ungleiche Besitzverteilung zementiert bleibt, und sie wollen das Eigentum ihrer Parteigänger schützen. Diesem Interesse würden die Patrizier im Grunde alles andere opfern. Vor allem sind sie bereit, das Wohlergehen und sogar das Leben der Armen dafür zu opfern.

Die reichen Aristokraten sind von der Arbeit der Unterschichten abhängig – der Landarbeiter, die auf den Feldern vor der Stadt schwitzen; der Arbeiter, Handwerker und Diener in der Stadt; und der einfachen Soldaten, die die Stadt gegen ihre Feinde verteidigen. Deshalb erfüllen die Patrizier, als die Armen in ihrer Verzweiflung schließlich die Arbeit niederlegen und randalieren, zumindest einige Forderungen. Doch selbst dieses Zugeständnis bedeutet nicht, dass der Adel seine Abhängigkeit einräumt. Im Gegenteil, die Elite sieht die Armen, besonders die städtischen Armen, als bloßen Aderlass für die Wirtschaft, als Schwarm untätiger Mäuler, die gefüttert werden wollen. Schließlich gehören das meiste Land und seine Früchte, dazu die Häuser, Werkstätten und fast alles andere den Patriziern. Vom Turm dieser Besitztümer aus betrachtet, erscheinen die Armen, die fast nichts haben, wie Parasiten. Ebenso ist es mit den adligen Soldaten. Sie sind von klein auf in den Kriegskünsten geübt, gut bewaffnet, reiten prächtige Rösser, zeichnen sich in der Schlacht aus und werden mit Orden geehrt. Die Armen, die bloß Belagerungsmaschinen ziehen, die Ausrüstung tragen und sich vor dem tödlichen Pfeilregen zu schützen suchen, gelten ihnen als ein Haufen Feiglinge.

Wenn überhaupt je in Shakespeares Stück ein Patrizier sich den Armen gegenüber verpflichtet fühlt, dann in jenem beeindruckenden Moment, als Coriolan, der das feindliche Corioli erobert hat (was ihm seinen Ehrennamen einträgt), seinen Kommandierenden General um einen Gefallen bittet. »Gewährt, 's ist Ihr's. Und was?«, fragt der General. Coriolan sagt, er »wohnte einstmals hier in Corioli/Im Haushalt eines Armen: Er war gut zu mir« (I, 9, 79-81). Sein Gastgeber ist jetzt von den Römern gefangengenommen worden. Als er weggeführt wurde, um zu erleiden, was immer den Gefangenen durch die Eroberer vorherbestimmt ist, erkannte der Mann seinen früheren Gast und rief ihn an, doch in diesem Moment des Erkennens stürmte Coriolan zum Kampf gegen den feindlichen Kommandeur, »und Zorn zerschlug mein Mitleid«. Nun sagt er: »Bitte schenkt/Dem armen Wirt die Freiheit.« Der General ist bewegt – »Und wär er Schlächter meines Sohns, er sollte/So frei sein wie der Wind« (I, 9, 84-87) – und fragt nach dem Namen des Mannes. Leider hat Coriolan ihn vergessen.

Für die Patrizier sind die Plebejer namenlos. Dennoch gelingt es den Armen, die in Rom nach Brot schreien, immerhin, Gehör zu finden. Es wäre ein Leichtes für die Patrizier, trotz der Missernten das Getreide freizugeben, um eine Hungersnot zu verhindern. Doch die Reichen würden eher das Korn in den Speichern verfaulen lassen, als dessen Marktpreis untergraben. Und abgesehen von ihrer Habgier besteht das eigentliche Problem darin, dass das Wirtschaftssystem des Staates darauf angelegt ist, die Kluft zwischen Reich und Arm nicht zu verringern, sondern zu vergrößern.

Obwohl sie für dieses System verantwortlich sind, weil sie das Steuersystem und die Finanzvorschriften entwickelten, würden die Patrizier nie zugeben, dass genau dies ihre Absicht war. In ihrem Sprecher Menenius Agrippa zeichnet Shakespeare das Porträt eines erfolgreichen konservativen Politikers, der vollends im Lager der Reichen steht, sich aber geschickt als Freund der Armen präsentiert. Während er ihnen sein tiefes Mitgefühl ausspricht, erinnert er die Randalierer – »liebe Freunde, brave Nachbarn« nennt er sie (I, 1, 59) – daran, dass die Patrizier doch wohl kaum für das schlechte Wetter verantwortlich gemacht werden können, das die Hungersnot auslöste. Gewalt sei zwecklos. Er rät zu Geduld und Gebeten, auch zu Vertrauen in die »mitfühlende Sorge«, die die Reichen stets für die Schlechtergestellten zeigten.

Doch aus der Menge kommt ein Zwischenruf:

> Die haben noch nie für uns gesorgt. Lassen uns ver-
> hungern, und ihre Lagerhäuser zum Bersten voll
> mit Getreide; fassen Beschlüsse gegen Wucherei, um
> Wucherer zu fördern; heben tagtäglich vernünftig ver-
> faßte Gesetze gegen die Reichen auf, und erlassen
> schneidendere Verordnungen täglich, die Armen zu
> knechten und in Ketten zu legen.
> (I, 1, 76-82)

Die hier vorgebrachten Anklagen des anonymen Bürgers sind prägnant und schlüssig. Wir sind nicht in der Welt Jack Cades und seines betrunkenen Mobs, der nach Blut schreit. Schon vorher hat derselbe Bürger eine bittere, aber plausible Theorie geäußert, warum jene, die mehr besitzen, als sie brauchen oder auch nur verbrauchen können, selbstgefällig andere hungern lassen: »Die Magerkeit, die uns auszehrt, der Anblick unsres Elends, das ist die Meßlatte, dran sie ihren Überfluß ablesen; an unserm Leiden sehn die ihren Wohlstand« (I, 1, 20-23). Der Anblick so vieler Armer lässt die Reichen sich noch reicher fühlen.

Menenius kontert mit einer berühmten Fabel, einer allegorischen Erzählung vom Aufstand der übrigen Körperteile gegen den Magen. Diese Körperteile taten all die schwere Arbeit wie Sehen, Hören und Gehen; der Magen dagegen, so klagten sie, sitze nur herum und esse. Natürlich ist der Magen, wie die Fabel dann zeigt, keineswegs faul, sondern in Wirklichkeit »Lagerhaus und Werkstatt für/Den ganzen Körper« (I, 1, 129-130). Er arbeitet unablässig, wenn auch unsichtbar, um jedem Teil die notwendige Nahrung zu schicken. Genau dieser Verteilungspunkt sind die patrizischen Senatoren, betont Menenius, die Quelle alles Guten im Leben des Volkes:

> Ihr bemerkt
> Daß ihr nicht *eine* Staatswohltat empfangt,
> Die nicht von ihnen stammt, von ihnen kommt,
> Und niemals aus euch selber.
> (I, 1, 147-150)

Nach dieser Version ist es völlig angemessen, dass alles zuerst in die Truhen der Reichen fließt; entsprechend verdaut, sickert es dann zu allen anderen.

Ob sich die hungrigen Randalierer von dieser fantasievollen Apologie des Elitekonsums hätten überzeugen lassen, bleibt offen. An diesem Punkt erscheint Menenius' Freund Coriolan, und der konservative Politiker beendet unvermittelt die Heuchelei der angeblichen Sympathie für die Massen. Der Kriegsheld braucht keinen solchen Vorwand. Er will nicht die freundlichere Maske der Konservativen tragen und spricht stattdessen mit der Stimme eines Rechtsextremen, der seine Politik nicht in geistvolle Fabeln verhüllt, sondern am liebsten ein Massaker entfesseln möchte.

Vielleicht hätte er seine Drohung ausgeführt, wenn nicht die Nachricht von einem bevorstehenden Angriff auf Rom durch seinen Hauptfeind, die Volsker, eingetroffen wäre. Sie macht ihn glücklich, denn nicht nur ist der Krieg seine wahre Bestimmung, es würde mit Glück auch viele vom »Pack« dahinraffen. »Freut mich; das hilft uns, unsern schimmligen/ Volksabschaum los zu werden«, frohlockt er (I, 1, 214, 221-222). Für diesen dunklen Krieger sind die Armen – die Arbeitslosen – wie Essensabfall. Am besten wirft man ihn weg und öffnet die Fenster.

Die erbarmungslose Psychologie und Politik des vaterlosen Coriolan scheinen von seiner Mutter, der eindrucksvollen Volumnia, zu stammen. Sie prahlt: »Damals, als er noch klein und zartgliedrig war und das einzige Kind meines Schoßes; als seine Jugend voller Schönheit alle Blicke auf sich zog; als selbst tagelanges Bitten eines Königs einer Mutter auch nicht eine Stunde seines Anblicks abgekauft hätte…, damals ließ ich ihn mit Freude dort Gefahren suchen, wo er am schnellsten Ruhm finden konnte.« Sie hat ihren Sohn so aufgezogen, dass er wie sie nur ein höchstes Ziel anstrebt: Kriegsruhm. »In einen grausamen Krieg hab ich ihn geschickt« (I, 3, 5-16).

Volumnias leidenschaftliche Sorge um Ansehen und Ruhm ihres Kindes hat etwas Schauriges. Das einzige Kind ihres Schoßes, wie sie es ausdrückt, ist ein Objekt, ein Spiegel, in dem sie ihre eigene Bedeutung erkennt; nichts anderes an ihm ist wichtig. Sie hat kein Interesse daran, den »zartgliedrigen« Sohn zu schützen, vielmehr jubelt sie über die Narben, die er im Kampf gegen Roms Feinde davongetragen hat. Sie empfindet die Schönheit dieser Wunden:

> Die Brüste Hekubas,
> Als sie einst Hektor säugte, warn nicht schöner
> Als Hektors Stirn, als sie verächtlich Blut
> Aufs Griechenschwert spie.
> (I, 3, 40-43)

Alles an der pervertierten Erziehung ihres Sohnes konzentriert sich in der seltsamen Verwandlung des Bildes der säugenden Mutter in das vom Blut, das aus der Wunde schießt.

In einer makabren Szene unterhalten sich Volumnia und Menenius, eine Art Adoptivvater für Coriolan, aufgeregt über die Nachricht von seinen jüngsten Taten, also seinen frischesten Wunden. »Wo ist er verwundet«, fragt Menenius zweimal gespannt. »An der Schulter und am linken Arm«, antwortet Volumnia. Sie denkt bereits an den politischen Vorteil, den ihr Sohn aus seinen Verletzungen ziehen könnte, wenn er für das höchste politische Amt im republikanischen Rom kandidiert: »Das gibt große Narben, die kann er dem Volk zeigen, wenn er sich mal ums Konsulsamt bewirbt« (II, 1, 140-145). Die beiden Alten setzen ihre groteske Auflistung fort:

> Volumnia: Er hatte vorm letzten Feldzug schon fünfundzwanzig Wunden am Leib.
> Menenius: Jetzt sind's siebenundzwanzig: und jeder Schnitt das Grab eines Feindes.
> (II, 1, 149-152)

Sie scheinen kaum einen menschlichen Körper zu beschreiben. Als Trompeten die Ankunft Coriolans verkünden, beschreibt die Mutter ihren Sohn in Worten, die eher auf eine Waffe passen würden:

> Vor sich her schickt er den Jubel, und hinter sich läßt
> er Tränen:
> Tod haust in seinem Arm, wenn, hochgereckt,
> Er abwärts saust und Feinde niederstreckt.
> (II, 1, 154-157)

Als stets pflichtbewusster Sohn hat Coriolan nicht nur die Narben erworben, die seine Mutter so erfreuen, er wurde auch zu dem unmenschlichen Objekt, das sie sich ersehnt hat. Voller Ehrfurcht beschreibt ihn sein General: »Von Kopf bis Fuß/War er ein Bild aus Blut« (II, 2, 106-107). Und so wie er zu einem Ding gemacht worden ist, macht er auch andere dazu. Für ihn sind die einfachen Leute »Geschwür«, »Kläffer«, »Lumpen«, »Pack« (I, 1, 162, 164, 196, 214). Er zerfetzt, verbrennt und tötet alles, was ihm im Weg steht.

Gegen Anfang des Stücks sehen wir Coriolans Frau Virgilia mit einer Freundin darüber sprechen, wie es ihrem kleinen Sohn geht. »Ihm geht's gut, Verehrte«, antwortet sie höflich, aber Volumnia, die kriegerische Großmutter des Jungen, ist noch nicht zufrieden: »Der würd lieber Schwerter sehn und Trommeln hören, als auf seinen Schulmeister zu schaun«, sagt sie stolz von ihrem Enkel (I, 3, 54-56). Dieser kurze Einblick in die Wertewelt von Coriolans Kindheit wird von der Freundin verstärkt, die eine Anekdote erzählt, von der sie weiß, dass sie der Großmutter gefallen wird:

> Weiß der Himmel, ich hab ihm letzten Mittwoch 'ne ganze halbe Stunde zugesehn: Der hat sowas Entschiedenes an sich. Hab gesehn, wie er einem Goldschmetterling nachlief, und als er ihn hatte, hat er ihn wieder fliegen lassen, und wieder hinterher, und koppheister fällt er, und wieder auf, fing ihn wieder; und ob ihn jetzt sein Sturz so erbost hat, oder was es war, der biß die Zähne zusammen und hat ihn zerfetzt. Nein, ich sag euch, wie der ihn zerstückelt hat!
> (I, 3, 58-67)

Warum wird das Zerstückeln eines Schmetterlings durch ein Kind im Stück erwähnt? »Schlägt ganz nach seinem Vater«, ruft Volumnia erfreut aus (I, 3, 68). Wir erkennen Coriolan zwangsläufig als Produkt einer Mutter wie Volumnia, genauso wie er uns, sogar wenn er den größten Schrecken verbreitet, wie ein extrem gefährlicher kleiner Junge erscheint. Natürlich ist er ein großer Krieger. Andere folgen seinen Befehlen und zittern vor ihm. Er hat Macht über Leben und Tod. Er kann Städte retten oder zerstören. Er kann Familien ausrotten, ganze Reiche bedrohen, die ganze bekannte Welt unterwerfen. Doch wie bedrohlich er auch erscheint, er hat stets etwas Kindliches an sich.

In zivilisierten Staaten erwarten wir, dass Führungspersonen über ein reifes Maß an Selbstbeherrschung und hoffentlich auch Besonnenheit, Anstand, Respekt für andere Menschen und für Institutionen verfügen. Coriolan fehlt das alles. In ihm begegnen uns der Narzissmus, die Unsicherheit, Grausamkeit und Torheit eines großen Kinds. Auf dem Weg zur Reife hat niemand dieses Kind begleitet, wenn doch, dann treten nur seine schlechtesten Eigenschaften umso mehr hervor.

Seine Charakterzüge – Jähzorn, mangelnde Empathie, Kompromisslosigkeit, Herrschsucht – sind ein Teil der Erklärung, warum Coriolan im Krieg so erfolgreich ist. Doch im Zentrum der Handlung steht die Frage, was geschieht, wenn eine solche Persönlichkeit die höchste Autorität nicht auf dem Schlachtfeld, sondern im Staat auszuüben trachtet.

Nach seinem Triumph in der Schlacht ist der Jubel um Coriolan nun gewaltig und wohlverdient. Ein Bote berichtet:

> Ich sah, wie Taube
> Sich drängeln, ihn zu sehn, und Blinde,
> Daß sie ihn reden hörn. Matronen warfen
> Handschuhe, Fraun und Mädchen Schals und Tücher
> Ihm zu, wo er vorbeikam; Adlige verneigten
> Sich wie vor Jupiter-Standbildern, und
> Das Volk ließ Mützen regnen, Jubel donnern.
> (II, 1, 258-264)

Er ist Roms Erretter.

Dies ist der perfekte Moment, um als Konsul zu kandidieren, wie seine Mutter und die Führer der Patrizierpartei erkennen. Natürlich sind Coriolans politische Ansichten extrem, und er äußert sie ohne Hemmung, aber die Reichen bedauern die Zugeständnisse, die sie unter dem Druck der Unruhen gemacht hatten. Als Konsul könnte Coriolan die Konzessionen zurücknehmen. Von Beginn an hat er Widerstand gegen die politische Mitsprache der Plebejer und jede

Art von sozialer Fürsorge geäußert. Über die hungernden Massen bemerkt er verächtlich:

> Die sagten was von Kohldampf, seufzten Sprüche –
> Wie: »Not kennt kein Gebot«; »Vieh muß man füttern«;
> »Ein Bauch braucht Brot«; und daß die Götter Korn
> Nicht nur für Reiche schufen.
> (I, 1, 201-204)

Es sind für ihn die Stimmen des »schimmligen Volksabschaums«. Rom wäre besser dran, wenn man sie alle verhungern ließe.

Nach dem Ende der Volsker-Kriege zeigt sogar Menenius, der die Ansichten der »aufrechten Höhergestellten« in Leutseligkeit verpackt, eine härtere Haltung. Es gibt keinen Grund mehr, mit den unteren Schichten Kompromisse zu schließen oder sie zu beschwichtigen. »Ihr verplempert einen ganzen schönen Vormittag mit der Anhörung einer Streitsache zwischen einer Orangensaftverkäuferin und einem Bierzapfhahnhändler«, sagt er spöttisch zu den Tribunen, und beim Abschied höhnt er: »Bei mehr Umgang mit euch bekäm ich die Schafsräude ins Hirn, wo ihr ja die Hirten der Plebejerhammel seid« (II, 1, 67-70, 92-94). Ein neuer Ton herrscht im politischen Leben Roms, zunehmend geprägt von Hass und Gewalt. Volumnia glaubt, dass ihr Sohn jetzt, wo sich die Gelegenheit bietet, in die Politik gehen und um die Stimmen der einfachen Leute werben wird. Zunächst verschließt er sich dem Wunsch seiner Mutter. Schließlich war sie es, »die den Plebs sonst immer/Nur Lumpenpack genannt hat, nur gemacht/Um Pfennige zu feilschen«, sie war es, die ihn seine Haltung gelehrt hat (III, 2, 8-10). Von frühester Jugend an hat sie ihn zu dem zornigen, stolzen Zerstörer gemacht, der er ist. Indem er sich der Forderung nach Kompromissen widersetzt, bleibt er sich und also seiner Erziehung treu. Erst auf ihren heftigen Druck willigt er zur Kandidatur ein.

Noch andere bewerben sich um das Konsulat, doch der Kriegsheld Coriolan ist hoher Favorit. Seine Kandidatur geht glatt durch den Senat; ihm fehlt allein die Mehrheit der Stimmen des Volkes, und angesichts seiner Heldentaten und seiner Gleichgültigkeit gegenüber der Kriegsbeute scheint das so gut wie ausgemacht. Es bleibt nur noch die Formalität, sich dem Volk zu zeigen und ihm seine Narben zu präsentieren. Natürlich könnten die Wähler ihn noch immer ablehnen, sie wissen wohl, dass er nicht auf ihrer Seite steht. Doch viele danken ihm seine militärischen Verdienste um Rom – sie sind bereit, ihm gegen das eigene Klasseninteresse ihre Stimmen zu geben.

Die reichen Patrizier im Stück betrachten die Armen als nichtswürdig, aber umgekehrt trifft das nicht zu. Shakespeare zeigt die Debatten in der ganzen Stadt, als einfache Bürger versuchen, Eigeninteresse und Verantwortung, Rechte und Verpflichtungen abzuwägen: »Wenn er um unsre Stimmen bittet, sollten wir sie ihm nicht verweigern«, sagt ein Plebejer, und ein anderer erwidert: »Wir können's, wenn wir wollen.« Ein Dritter ist der Meinung: »Wir haben das Recht, es zu tun, aber das ist ein Recht, das auszuüben wir kein Recht haben« (II, 3, 1-5). Es sind die kleinen, aber so wertvollen Verzwicktheiten freier Wahlen, wie Shakespeare sie zeichnet.

Die ganze Prozedur setzt voraus, dass alle Parteien das

System respektieren. Coriolan muss nach gewohnter Sitte um die Stimmen des Volkes buhlen. Sein antidemokratischer Extremismus erlaubt ihm aber nicht einmal diese kleine Geste des Respekts. Dem Senat, dessen reiche Mitglieder derselben Klasse angehören und dieselben Werte teilen, gesteht er zu: »Ich schuld ihm mein Leben/Allzeit und meinen Dienst« (II, 2, 131-132). Dem gemeinen Volk gegenüber lehnt er jede Art von Verpflichtung ab.

Hier offenbaren nun die Volkstribune, die erfahrenen Berufspolitiker Sicinius und Brutus, ihre Meisterschaft. Shakespeare zeigt ihre Motive und Methoden ohne jede Sentimentalität. Sie sind zynische, intrigante und gewiefte Karrierepolitiker, die vor allem die eigene Stellung schützen wollen. Die Menschen, die sie vertreten, sind leicht zu beeinflussen. Mal jubeln sie dem Kriegsheld Coriolan zu, dann rufen sie »Nieder mit ihm!« (II, 1, 182, 229) und fordern seine Hinrichtung oder Verbannung. Sie erscheinen höchst verwirrt. Dabei ist das, was die Tribune ihnen vermitteln, die reine Wahrheit: Die Patrizierpartei, die hinter Coriolan steht, ist tatsächlich ihr Feind.

Da sie zu Recht annehmen, dass Coriolan über seinen Stolz, seinen Extremismus und seinen Jähzorn stolpern wird, beharren sie standhaft darauf, das Verfahren einzuhalten: Der Kandidat wird nicht von der Pflicht entbunden, um die Stimmen des Volkes zu werben. Die Patrizier sind so begierig, ihren Helden unbedingt zum Konsul wählen zu lassen, dass sie an Coriolan appellieren, seinen Stolz zu zügeln und die Farce der Rede ans Volk mitzumachen. »Sie … müssen bitten,/Gnädig an Sie zu denken«, sagt Menenius, doch Coriolan schäumt: »Gnädig an mich denken? Hängt sie!«

»Bitte sprechen Sie mit ihnen, bitte,/Auf saubre Art«, fleht der frustrierte Menenius ihn an, erhält aber nur die höhnische Antwort: »Die solln's Gesicht sich waschen,/Und Zähne putzen« (II, 3, 54-60).

Nichts kann Coriolans Unausstehlichkeit mildern, und doch zeigt das Stück erstaunlicherweise Verständnis für ihn, verglichen mit seinen Standesgenossen. Die Patrizier drängen ihn, seine tiefsten Überzeugungen abzustreifen, um gewählt zu werden. Sie wollen, dass er lügt, sich anbiedert und den Demagogen spielt. Einmal im Amt, bleibt genügend Zeit, um seine wahre Haltung zu demonstrieren und die Zugeständnisse an die Armen zurückzunehmen. Dieses politische Spiel erscheint uns so vertraut: der Superreiche, mit allen Privilegien geboren, voller innerer Verachtung für die ihm Untergebenen, übt im Wahlkampf populistische Rhetorik und lässt sie fahren, sobald sie ihren Zweck erfüllt hat. In Rom war dazu ein konventioneller Auftritt vorgesehen, vergleichbar dem heutigen Fototermin mit Schutzhelm auf einer Baustelle. Damals zog der Kandidat seine kostbare Robe aus und legte beim Betreten des Marktplatzes ein einfaches weißes Gewand an, das »fadenfransige Gewand der Demut« (II, 1, 231). Dann präsentierte er, stolz wie einen Lebenslauf, seine Kriegsnarben, wenn er welche hatte, und bat um Unterstützung.

Coriolan findet die ganze Maskerade abstoßend. Er versucht, die Bitten seiner Partei zu erfüllen, aber es dreht sich ihm der Magen um. Er bemüht sich, die, wie er sagt, »Volksbezauberungskünste eines Populisten nach[zu]ahmen« – also den charismatischen Stil eines erfolgreichen Politikers. Sein Versuch, »leutselige Verbeugungen einzuüben«, ist aber so künstlich und widerspricht so offensichtlich seinem ganzen Wesen, dass er scheitert (II, 3, 98-101). Zunächst neigen die Leute dazu, ihm ihr Vertrauen und ihre Stimmen zu schenken, doch verlassen sie die Versammlung mit dem mulmigen Gefühl, verspottet worden zu sein. Brutus und Sicinius fällt es nicht schwer, die Menge daran zu erinnern, dass Coriolan stets »gegen eure Freiheit/Und gegen eure Rechte« sprach (II, 3, 176-177), und für einen Stimmungsumschwung zu sorgen.

Der ganze Ablauf ist eine Lektion in beinharter Machtpolitik, wie Shakespeare sie verstand. Was geregelt scheint, kann rasch aus dem Ruder laufen. Einen Moment lang scheinen die patrizischen Senatoren sich durchgesetzt zu haben. Gemäß ihrem Rat hat Coriolan auf dem Marktplatz erfolgreich um die nötigen Stimmen geworben. Doch noch ein letzter Schritt ist nötig: eine offizielle Bestätigung der Wahl, im Grunde nur pro forma. Mit dem Rücken zur Wand, nutzten Brutus und Sicinius diese Formalität, um das ganze Verfahren zu stoppen.

Die Tribune sind ebensolche gewieften Betrüger wie die Elite, gegen die sie kämpfen. Shakespeare muss davon überzeugt gewesen sein, dass Tyrannei sich nicht aufhalten lässt, wenn die demokratische Opposition aus edler Gesinnung nicht imstande ist, die politischen Intrigen zum Staatsstreich zu vereiteln. Coriolans reiche Verbündete drängen ihn, seine wirkliche Überzeugung zu verbergen, um gewählt zu werden. Die Tribune drängen das Volk, ihre Rolle beim Organisieren des Umschwungs in letzter Minute zu verbergen. »Schiebt alle Schuld/Auf uns«, raten sie schlau (II, 3, 223-224). Die Wähler sollen behaupten, ihre Anführer hätten sie zur Unterstützung Coriolans gedrängt, aber nun, wo dessen

Hohn und Feindschaft offenbar geworden seien, habe das Volk seine Gefolgschaft aufgekündigt.

Als die Wähler der Regie folgen, ist Coriolan außer sich und bekennt offen seinen Hass auf die Demokratie, den er auf Wunsch der Elite unbedingt bis nach der Wahl verstecken sollte. Versuche, die Menge zu besänftigen, endeten nur in »Trotz, Verrat und Rebellion«. Die Armen sind »Pestgeschwüre«; wenn man sie in die Nähe der Macht lässt, fördert man die Infektion (III, 1, 69, 78). Seine Freunde versuchen ihn zum Schweigen zu bringen. Obwohl auch sie seine Überzeugungen teilen, scheuen sie es, sie öffentlich zu äußern. Doch Coriolan ist nicht zu bremsen. Für ihn kann es unmöglich zwei Autoritäten im Staat geben. Entweder herrschen die Patrizier über die Plebejer, wie es sein soll, oder die soziale Ordnung wird zerstört: »*Ihr* werdet Plebejer,/Wenn *die* erst Senatorn sind.« Was das soziale Netz anbetrifft – die Verteilung von Essen, um die Hungersnot abzuwenden –, so »nährt [es] den Ungehorsam, züchtet/Den Untergang des Staats.« Nach dieser Tirade fragt der Tribun Brutus mit einigem Recht: »Warum soll's Volk/Für einen stimmen, der so spricht?« (III, 3, 100-101, 116-118)

Dank Coriolans vollständigem Mangel an Selbstbeherrschung liegt endlich alles offen zutage. Die gemäßigteren Senatoren wollten gerade so viele Zugeständnisse machen wie nötig, um eine große Hungerkatastrophe und heftigen Protest abzuwenden. Obwohl sie das Stimmrecht der Unterschicht beschränken wollten, wahrten sie wenigstens den Anschein politischer Repräsentation. Für Coriolan aber, der die Heuchelei und Hinhaltetaktik der eigenen Klasse nicht ertragen kann, ist »gerade genug« viel zu viel. Sein bescheidener Vorschlag: Lasst die Armen verhungern. Eine Hungersnot wird die Zahl der Schmarotzer verringern, und die Überlebenden werden weniger geneigt sein, um Almosen zu betteln. Diese Almosen, so findet er, machen die unteren Schichten ohnehin nur abhängiger; das ganze Wohlfahrtssystem ist eine Art Droge.

Die Patrizier, so erklärt er offen, bräuchten den Mut, das abzuschaffen, was die Plebejer sich zu wünschen glauben, doch was in Wahrheit dem Staat und ihnen selbst schade. Nicht nur bedeutet das ein Ende der Lebensmittelverteilung, auch die Institution der Tribune, die den Armen eine politische Stimme verleiht, müsse abgeschafft werden. Es genügt nicht, die Vertretung des Volkes einzuschränken – praktisch ein römisches Äquivalent zu modernen Erscheinungen wie Wählereinschüchterung, Neugliederung von Wahlbezirken und sonstigem Wahlbetrug. Coriolan strebt etwas viel Radikaleres an: »Reißt jetzt/Da die Volksplapper-Zungen raus: Laßt sie nicht am/Machthonig lecken, der ihr Gift ist« (III, 1, 155-157). Im Grunde will er die römische Verfassung aushebeln.

Die Tribune klagen Coriolan daraufhin des Verrats an. Sie verlangen, dass man ihn »als verräterischen Umstürzler verhafte,/Als Feind des Allgemeinwohls«. Und tatsächlich bedrohen seine radikalen Vorschläge die Elite – deren raffinierte ideologische Tarnung sie zerstören – ebenso wie die Plebejer. »Auf beiden Seiten mehr Respekt«, bittet Menenius, als die gegnerischen Parteien handgreiflich zu werden beginnen. Der Konflikt droht »die Stadt [zu] zerhaun und zu zertrümmern«, sagt ein Senator, doch Sicinius kontert: »Was ist die Stadt sonst als das Volk?«, und seine Anhänger machen daraus eine Parole: »Das Volk, *das* ist die Stadt« (III, 1, 179-200).

Nun droht der Bürgerkrieg, und trotz der militärischen Macht Coriolans und der Patrizier ist die brodelnde Volksmasse zahlenmäßig überlegen. »Doch jetzt steht's ungleich jenseits allen Rechnens«, bemerkt der Patriziergeneral Cominius nüchtern. »Konnt der nicht höflich sein zu ihnen?«, fragt der frustrierte Menenius, der wieder einmal versuchen muss, die Menge zu beruhigen (III, 1, 245, 263). Diesmal verbürgt er sich, Coriolan zurück zum Marktplatz zu bringen, um sich dem Gesetz zu unterstellen und auf die Klage zu antworten.

Es ist nicht einfach, ihn zu überzeugen. Bei diesem Versuch wird Menenius von Volumnia unterstützt, die seinen Verdruss darüber, dass der starrköpfige Coriolan sich nicht lange genug verstellen konnte, um gewählt zu werden, teilt: »Man hätt/Das, was du planst, nicht so bekämpft, hättst du/Nicht deine Pläne alln gezeigt, solang/Sie noch Macht hatten, dich zu stören.« Coriolan antwortet: »Hängt sie«, und seine Mutter fügt hinzu: »Ja, und verbrennt sie auch gleich«, aber das Volk zu verfluchen, löst nicht das Problem (III, 2, 20-24). Für Volumnia besteht die einzig kluge Taktik darin, dass Coriolan endlich tut, was die Elite immer von ihm verlangt hat:

> Weil es dir jetzt obliegt, zum Volk zu sprechen;
> Und nicht nach deinen Überzeugungen
> Noch nach dem Sinn, wie ihn dein Herz dir vorsagt,
> Nein, nur mit Worten, wie sie nur die Zunge
> Gelernt hat, nichts als Bankerte aus Silben,
> Die keine Wahrheit deines Herzens lenken.
> (III, 2, 52-57)

Lüg einfach. Alle sind dieser Meinung, versichert sie ihm: »deine Frau/…, dein Sohn, die Senatorn, der Adel« (III, 2, 64-65).

Es liegt in Coriolans Macht, die Krise zu beenden, die er provoziert hat. Der Preis dafür: Er muss sich nur ein einziges Mal verhalten wie ein Politiker. Doch ihm erscheint dieser Preis zu hoch. Alles in Coriolans Wesen – die kompromisslose Integrität, der Stolz und der Befehlsgeist, den seine Mutter ihm einflößte – wehrt sich dagegen, eine solch erbärmliche Rolle zu spielen. Und der Konflikt wird dadurch noch unerträglicher, als es gerade seine Mutter ist, die ihn nun drängt, sich zu erniedrigen:

> Geliebter Sohn, du sagst oft, erst mein Lob
> Hätt zum Soldaten dich gemacht; drum spiel,
> Mein Lob auch jetzt zu ernten, eine Rolle,
> In der du noch nie auftratst.
> (III, 2, 107-110)

Volumnia versteht sehr wohl, dass für ihren Sohn sein Gefühl für Männlichkeit infrage steht und dass er schon immer gehandelt hat, um ihr zu gefallen. Die Narben auf seinem Körper waren nie für öffentliche Zurschaustellung bestimmt; sie sollten ihn schmücken für seine Mutter. Zu seiner Bestürzung erklärt sie ihm aber nun, er habe es übertrieben: »Du hättst der Mann sein können, der du bist,/Hättst du dich weniger bemüht« (III, 2, 19-20). Oder vielmehr fordert die Mutter eine andere, noch schmerzhaftere Form des Masochismus. Sie will ihn, so empfindet er es, zu einem Bettler, einem Schuft, einem weinenden Schuljungen, einer Hure machen. Schlimmer noch, sie verlangt, dass sein »Kriegsruf« zu »Flötenton,/Dünn wie's Eunuchen- oder Jungfraunstimmchen« wird (III, 2, 112-114). Nun gut, sagt er, für sie allein ist er bereit, sich gleichsam zu kastrieren: »Ich geh zum Marktplatz, Mutter« (II, 2, 131).

Wie sein früherer Versuch, um Stimmen zu werben, wird auch Coriolans Versuch, den Politiker zu spielen, zum Desaster. Die Tribune wissen von seiner psychischen Labilität und nutzen seine Schwäche gnadenlos aus. Sie verurteilen seinen Angriff auf die ehrwürdigen Strukturen der Regierung als Versuch, eine Tyrannei zu errichten:

> Wir klagen Sie für den Versuch an, Roms
> Gewachsnes Staatsrecht zu zerschlagen und
> Sich selber Diktatorenmacht zu schaffen;
> Weshalb Sie ein Verräter sind am Volk.
> (III, 3, 62-65)

Der Vorwurf, ein Verräter zu sein, entzündet erneut seinen unbändigen Zorn, und schließlich wird er aus Rom verbannt.

Die cleveren Tribune haben ihr Ziel erreicht und treten einen strategischen Rückzug an: »Nach unserm Machtbeweis/Heut, laßt uns demütiger scheinen als/Zur Zeit, als alles kochte« (IV, 2, 3-5). Obwohl sie im Stück als gerissen dargestellt werden, heißt es keineswegs, dass sie weit von der Wahrheit entfernt waren. Coriolan hatte die Patrizier tatsächlich gedrängt, den Unterschichten das Wahlrecht zu entziehen. Wäre er zum Konsul gewählt worden, hätte er gewiss genau das versucht. Und selbst nach seiner Verbannung ist die Bedrohung nicht vorüber. Ein römischer Spion, der seinen volskischen Kontaktmann trifft, berichtet, dass im Adel »Pläne reifen, dem Volk alle Macht zu nehmen und seine Tribune ein für allemal auszujäten« (IV, 3, 20-21).

An dieser Verschwörung der Oberschicht ist erstaunlich, dass Rom nach Coriolans Verbannung für seine Bewohner blühender denn je erscheint. Statt zu protestieren und zu randalieren, sind die einfachen Leute ein Muster an Ruhe und Frieden. Einer der Tribune bemerkt, wie dieser Friede auf Coriolans Patrizierfreunde wirkt:

> Errötend müssen seine Freunde
> Sehn, daß die Welt noch steht; die's lieber sähn,
> Auch wenn sie selbst darunter litten, wenn
> Rebellenhaufen durch die Straßen tobten,
> Als daß die Händler in den Läden singen
> Und freundlich ihrer Arbeit nachgehn.
> (IV, 6, 4-9)

Es ist ein perverses, aber vertrautes Muster. Die Partei der Privilegierten argumentiert, sie brauche autoritäre Macht, um die Ordnung im Staat zu sichern. Coriolan spricht für seine Klasse, wenn er dem Volk sagt, alles hänge ab vom »würdigen Senat, der nächst/Den Göttern euch in Zucht hält, euch, die ihr/Euch gegenseitig auffräßt, sonst« (I, 1, 182-184). Als dann die Reichen Lügen gestraft werden, weil es Reichen wie Armen unter einem demokratischeren System besser geht, sehnen sie sich nach ebenjenem Chaos, das sie zu beenden versprachen.

Und was ist mit Coriolan? Sein Zorn wurde durch die

Anklage des Verrats am Gemeinwesen entfacht – als wäre er, der so viel von seinem edlen Blut für Rom vergossen hat, nicht würdiger als der Plebejer, den wir für die Volsker spionieren sehen. Doch nach seiner Verbannung wendet Coriolan sich an genau jene Volsker: »Meinen Geburtsort haß ich, und lieb hier/Die Feindesstadt« (IV, 4, 23-24).

Diese überraschende Wendung verdient nähere Betrachtung. Es ist, als würde der Führer einer Partei, die sich schon lange dem Hass auf Russland verschrieben hat – mit ständigem Säbelrasseln und Verratsvorwürfen gegen politische Rivalen –, heimlich nach Moskau fahren und dem Kreml seine Dienste anbieten. Was immer die Quelle von Coriolans kriegerischen Heldentaten war, es war sicher keine Liebe zum Volk und nicht einmal Loyalität zur abstrakten Idee von Rom. Früher fühlte er sich seinen Standesgenossen verbunden, nun haben die Patrizier ihn verraten und zugelassen, »daß Sklavenkehlen mich/Aus Rom rausblökten«. Seine bitteren Worte offenbaren, wie er seine Heimat sieht: Das einfache Volk, um dessen Stimmen er werben sollte, besteht aus »Sklaven«; die »adligen Duckmäuser« sind Feiglinge, die sich in einem entscheidenden Moment weigerten, die Straßen mit Blut zu tränken, um seine schändliche Verbannung zu verhindern. Nun sinnt er auf Rache an seinem ganzen »kranke[n] Land« (IV, 5, 77-93).

Als Coriolan in der volskischen Hauptstadt Antium eintrifft, könnte der feindliche General Tullius Aufidius ihn mit gutem Recht töten, denn der römische Krieger hat viel volskisches Blut vergossen. Aufidius erkennt jedoch, dass er den Zorn des Verbannten auf seine einstigen Landsleute für sich nutzen kann. »Allerhöchster Herr«, nennt er ihn, überträgt ihm das Kommando über die halbe volskische Armee und lässt ihn den Feldzug planen, »nach bestem Wissen,/Da du die Stärken deines Landes wie/Die Schwächen kennst« (IV, 5, 140-142).

Als die ersten Gerüchte von Coriolans Verrat und einem bevorstehenden Angriff unter seiner Führung in Rom die Runde machen, wollen die Tribune es nicht glauben. Bei all dem Wohlstand und Frieden in der Stadt halten sie solche Ängste für Fake News, von gewissen Patriziergruppen »bloß ausgestreut, damit sich Schwächlinge/Den guten Martius wieder wünschen« (IV, 6, 70-71). Selbst Menenius hält die Gerüchte für falsch, könnten doch die erbitterten Feinde Coriolan und Aufidius niemals ein Bündnis schließen. Als aber klar wird, dass das Anrücken des Feindes keine Fake News sind, ist die Reaktion der Patrizier aufschlussreich. Weder verfluchen sie Coriolan für seinen Verrat noch für die Preisgabe von allem, was er angeblich liebte und verteidigte. Stattdessen attackieren sie die Plebejer: »Schön habt ihr das gemacht,/Ihr da, und eure Zünfte; ihr, die ihr/So viel auf Stimmen von Handwerkerpack/Und Knoblauchfressern gabt!«, verhöhnt Menenius die Tribune (IV, 6, 96-99). Es ist alles die Schuld der arbeitenden Bevölkerung mit ihrem stinkenden Atem und dem anmaßenden Beharren, gehört zu werden. Sie – und nicht Coriolan – haben Rom verraten.

Die Tribune versuchen ihre Wählerschaft zu beruhigen. »Geht, Leute, geht nach Haus; laßt euch nicht schrecken«, rufen sie ihnen zu; die bedrohlichen Berichte stammen von einem Kreis, »der zu gern bestätigt/Sehn möcht, was er dem Schein nach fürchtet« (IV, 6, 150-152). Die Beobachtung trifft zu – die Patrizier hassen die Plebejer so sehr, dass sie Coriolans Verrat auf perverse Art begrüßen –, aber das Volk fürchtet sich zu Recht. Das Stück skizziert genüsslich den Beginn eines historischen Revisionismus. »Ich hab immer gesagt, wir warn im Unrecht, als wir ihn verbannt haben«, bemerkt ein Plebejer, und ein anderer bekräftigt: »Das haben wir alle gesagt« (IV, 6, 155-157).

Der kulminierende fünfte Akt von Shakespeares Tragödie bekräftigt bei Coriolan das Fehlen jeglicher Loyalität zu Rom, zur Patrizierpartei, sogar zu seinem Freund Cominius, seinem Ersatzvater Menenius oder seiner Frau Virgilia. »Vergib mir meine Tyrannei; doch sag deshalb/Ja nicht ›Vergib uns Römern‹«, sagt er zu ihr (V, 3, 43-44). Jeden Kompromiss lehnt er strikt ab. An der Spitze der volskischen Armee lagert er vor den Toren Roms wie ein unversöhnlicher Gott der Zerstörung, der die Stadt niederbrennen, den Männern die Kehlen durchschneiden und Frauen und Kinder in die Sklaverei führen wird. Dass er es nicht tut, liegt einzig an der Fürsprache seiner Mutter. Volumnia erschüttert ihn, indem sie niederkniet, ihn bittet und zugleich anklagt. Sie verleugnet, Coriolan je geboren zu haben: »Der Kerl da hat 'ne Volskerin zur Mutter.« Gegen diesen Appell ist er machtlos: »O Mutter, Mutter!/Was tatst du?« (V, 3, 178-183). Er verschont die Stadt und bietet einen Friedensvertrag an.

Rom ist gerettet, aber Coriolan wird keine triumphale Rückkehr in die Heimat zuteil. Immerhin stand er kurz davor, sie zu vernichten. So kehrt er zurück ins volskische Antium, obwohl er weiß, dass ihm dort Gefahr droht. »Du hast für Rom glücklich den Sieg errungen«, sagt er zu seiner Mutter. »Doch deinen Sohn, o glaub's mir, glaub's, hast du/Derart besiegt, daß es ihn selbst gefährdet« (V, 3, 186-188).

Aufidius, der nicht gewillt ist, Macht und Prestige mit seinem ehemaligen Feind zu teilen, intrigiert sofort, um Coriolan zu vernichten. Er muss schnell handeln, denn der römische General ist beim volskischen Volk beliebt, dem er, nach seinen eigenen Worten, einen ehrenhaften Frieden gebracht hat. Bevor er den unterzeichneten Friedensvertrag dem volskischen Senat vorlegen kann, fährt Aufidius dazwischen:

> Lest es nicht, Ihr Herrn;
> Sagt dem hochgradigen Verräter, daß
> Er Eure Macht mißbraucht hat.
> (V, 6, 84-86)

Wie bei den Römern, so bei den Volskern: Coriolan sieht sich des Verrats angeklagt. Erneut lässt das Wort ihn vor Wut explodieren, doch diesmal gibt es kein Verhandeln durch seine Patrizierfreunde und keine Strafmilderung durch Verbannung. Aufidius erinnert die Volsker daran, wem ihre wahre Loyalität als Bürger gilt, oder vielmehr erinnert er sie an ihre Verluste. »Haut ihn in Stücke!«, ruft die Menge, als ein jeder von ihnen erinnert, wen Coriolan erschlagen hat: »Er hat mir den Sohn umgebracht! Die Tochter! Er hat meinen Vetter Marcus getötet! Er hat meinen Vater gemordet!« Die letzten Worte, die Coriolan vernimmt, als die Verschwörer ihn mit ihren Schwertern umringen, offenbaren sein grausames Vermächtnis: »Los, tötet, tötet, tötet, tötet, tötet ihn!« (V, 6, 120-130).

Auf dem Höhepunkt des Stücks ist es die Persönlichkeit des Tyrannen selbst, die Rom vor Coriolans destruktiver Macht bewahrt: Der psychische Schaden, den sein Wesen hat, ist schließlich sein Untergang. »*Kein* Mann auf der Welt/Ist seiner Mutter mehr verpflichtet«, sagt Volumnia (V, 3, 158-159). Die dankbaren Senatoren drängen das Volk, Coriolans Mutter als heldenhafte Retterin der Stadt zu feiern. Doch schon lange vor der Schlussszene am Tor ist die Stadt durch ihre Tribune vor der Tyrannei gerettet worden, durch die Karrierepolitiker, die das Volk zum Handeln trieben. Diese Funktionäre, unedel und selbstsüchtig, die den viel gescholtenen professionellen Politikern der demokratischen Parlamente überall ähneln, haben sich dem herrischen Armeeführer in den Weg gestellt und das Recht der gewöhnlichen Leute – Handwerker und Händler, Arbeiter und Lastträger – verteidigt, ihr Votum zu überdenken. Ohne ihr Beharren und ohne all die schlauen Winkelzüge wäre Rom in die Hände eines Mannes gefallen, der »einen Einzelthron … und ohne Beirat« wollte (IV, 6, 32-33). Und wird man ihnen auch kein Denkmal setzen, so sind sie doch die wahren Retter der Stadt.

CODA

Es geschah alles vor langer Zeit, in einer Gesellschaft mit völlig anderem politischen System, in dem weder eine Verfassung das Recht auf freie Meinungsäußerung garantierte noch grundlegende demokratische Normen herrschten. Als Shakespeare ein Kind war, wurde ein wohlhabender Katholik namens John Felton gevierteilt, weil er den Text einer päpstlichen Bulle verbreitet und behauptet hatte, »dass die Königin niemals die wahre Königin von England« gewesen sei. Wenige Jahre später wurde dem Puritaner John Stubbs die rechte Hand abgehackt, weil er ein Flugblatt geschrieben hatte, das die geplante Ehe Königin Elisabeths mit einem französischen Katholiken verurteilte. Der Verteiler des Flugblatts wurde auf ähnliche Weise bestraft. Vergleichbare Strafen für Aussagen und Handlungen, die von den Behörden als Verbrechen gewertet wurden, gab es während der ganzen Regierungszeit von Elisabeth und Jakob I.

Zweifellos wurde Shakespeare Zeuge solcher scheußlichen Spektakel. Sie zeigten ihm nicht nur die Grenzen dessen, was er sagen durfte, sondern enthüllten auch viel über das Wesen des Menschen im Angesicht größten Leidens. Und dazu eine Menge über die Ängste und Wünsche der

Masse, also ebenjene Leidenschaften, die dem Dramatiker seinen Stoff lieferten. Seine Macht als Künstler wurzelte im Volk. Er setzte sich die Aufgabe, nicht für eine kleine Gruppe zu schreiben und die Gunst eines kultivierten Mäzens zu erwerben, sondern ein populärer Unterhalter zu sein, der die Massen anlockte, damit sie ihre Pennys für dramatischen Nervenkitzel hingaben.[20]

Dieser Nervenkitzel spielte häufig mit Überschreitungen der Grenzen des Erlaubten – daher die ständigen Forderungen von Moralisten, Ministern und städtischen Beamten, alle Theater zu schließen. Doch Shakespeare wusste, wo die Gefahr lauerte. Dass es Verrat war, »durch Schreiben, Drucken, Predigen, Ansprachen und Worte« zu behaupten, der Herrscher sei »ein Schismatiker, Tyrann, Ungläubiger oder Usurpator der Krone«. Und er wusste, dass für einen Dramatiker jede kritische Reflexion über mächtige lebende Personen oder umstrittene Themen so reizvoll wie riskant war. Sein Kollege Thomas Nashe floh vor einem Haftbefehl wegen Aufwiegelung; Ben Jonson musste wegen ähnlicher Vorwürfe ins Gefängnis; Thomas Kyd starb, kurz nachdem er im Zusammenhang mit Ermittlungen gegen seinen Mitbewohner Christopher Marlowe gefoltert worden war; Marlowe wurde von einem Geheimagenten der Königin erstochen. Es kam darauf an, vorsichtig zu sein.

Als Meister der verborgenen Perspektive lenkte Shakespeare seine Einbildungskraft weg von seiner direkten Umgebung. Und der Verhaftung zu entgehen, war dabei nicht sein einziges Motiv. Er war nicht verbittert, einer, der die Autorität von diesem oder jenem Lord oder Bischof, geschweige denn die des Monarchen untergraben oder Aufruhr entfachen wollte. Er war auf dem besten Weg, ein wohlhabender Mann zu werden, der ein ständiges Einkommen aus Eintrittsgeldern, Immobilien, Warenhandel und diskretem Geldverleih bezog. Unordnung lag nicht in seinem Interesse. Seine Werke zeugen von tiefer Abneigung gegen Gewalt – sogar oder vielleicht besonders gegen sogenannte prinzipiengeleitete Gewalt –, die sich gegen Angehörige der Oberschicht richtete.

Seine Werke zeugen aber zugleich von einer Aversion gegen die Parolen der Obrigkeit, etwa in den »Predigten über Gehorsam«, oder gegen reaktionäre Gemeinplätze, die bei öffentlichen Anlässen wie Wahlen oder Hinrichtungen abgespult und von korrupten Priestern unter die Leute gebracht wurden. Vielleicht glaubte Shakespeare, die offizielle Strategie – das Bejubeln der Herrschenden, die demonstrative Weigerung, krasse wirtschaftliche Ungleichheit zur Kenntnis zu nehmen, die ständige Anrufung Gottes zur Unterstützung der Oberen und die Dämonisierung auch nur der leisesten Form von Skepsis – würde die gewünschte Wirkung ins Gegenteil verkehren. Denn es bestärkte nur das Gefühl, das ganze Wertesystem – wer als ehr- und wer als nichtswürdig gilt, was gut ist und was böse, wo die Grenzen zwischen Wahrheit und Lügen verlaufen – sei ein großer Betrug. Sir Thomas Morus, dem Shakespeare so viel für sein Porträt Richards III. verdankte, hatte die Sache fast 100 Jahre zuvor am klarsten ausgedrückt. In seiner *Utopia* schrieb er: »Wenn ich daher alle unsere Staaten, die heute in Blüte stehen, im Geiste betrachte, so stoße ich auf nichts anderes, so wahr mir Gott helfe, als auf eine Art Verschwörung der Reichen, die den Namen und Rechtstitel des Staates mißbrauchen, um für ihren eigenen Vorteil zu sorgen.«[21]

Shakespeare fand einen Weg, das zu sagen, was er sagen wollte. Es gelang ihm, jemanden auf der Bühne vor 2000 Zuschauern – darunter auch Regierungsspitzeln – ausrufen zu lassen: »Dem Hund im Amt gehorcht man.« Die Reichen kommen mit dem davon, wofür die Armen brutal bestraft werden. Seine Figur fügte hinzu:

> Beschlag mit Gold die Sünde –
> Das starke Schwert des Rechts prallt harmlos ab;
> Umpanzer sie mit Lumpen – ein Strohhalm bohrt
> sie durch.

Wer so etwas im Wirtshaus sagte, musste damit rechnen, dass ihm die Ohren abgeschnitten würden. Doch solche Worte erklangen Tag für Tag in der Öffentlichkeit, und nie wurden die Büttel geholt. Warum nicht? Weil die Person, die sie sprach, Lear in seinem Wahnsinn war (*König Lear*, IV, 6, 157-165).

Wie wir gesehen haben, dachte Shakespeare sein Leben lang darüber nach, wie Gemeinschaften sich auflösten. Gesegnet mit einer präzisen Kenntnis des menschlichen Charakters und einer rhetorischen Begabung, um die ihn jeder Demagoge beneidet hätte, beschrieb er die Art von Mensch, die in unruhigen Zeiten aufsteigt, an die niedersten Instinkte appelliert und aus den tiefsten Ängsten der Zeitgenossen schöpft. Eine durch Parteienzank entzweite Gesellschaft ist für ihn besonders anfällig für Populismus. Dazu gibt es immer Anstifter, die den Ehrgeiz des Tyrannen entfachen, und Ermöglicher, die zwar die Gefahren sehen, die damit verbunden sind, aber meinen, sie könnten den Tyrannen kontrollieren und von seinem Angriff auf die etablierten Institutionen profitieren.

Wiederholt schilderte der Dramatiker das Chaos, das entsteht, wenn Tyrannen, die im Allgemeinen kein administratives Talent und keine Vision für erfolgreichen Wandel besitzen, tatsächlich an die Macht kommen. In seiner Vorstellung besaßen selbst vergleichsweise intakte und stabile Gesellschaften nur wenige Mittel, um sich einer mitleid- wie skrupellosen Figur zu erwehren; ebenso unfähig sind sie, mit legitimen Herrschern umzugehen, die Anzeichen von irrationalem Verhalten zeigen.

Shakespeare wandte nie den Blick von den schrecklichen Folgen für die Gesellschaften ab, die Tyrannen in die Hände fallen. »O armes Land!«, klagt eine der Figuren in Macbeths Schottland,

> Fast bang, im Spiegel sich zu schaun. Man kann's
> Nicht »Mutter« nennen, nur noch Grab; wo niemand
> Als der, der nichts weiß, noch ein Lächeln trägt;
> Wo Seufzen, Stöhnen, Schrein die Luft zerreißt,
> Und keinen kümmert's mehr; wo wildes Leid
> Wie Alltagsstimmung scheint.
> (*Macbeth,* IV, 3, 164-170)

Shakespeare erkannte auch, wie viel Leid und Elend geschehen müssen, damit ihre Verursacher beseitigt werden, doch er war nicht ohne Hoffnung. Er glaubte, die Lösung sei nicht das Attentat, ein verzweifelter Schritt, der in seinen Augen üblicherweise genau das heraufbeschwor, was er abwenden sollte. Zum Ende seiner Laufbahn war er vielmehr überzeugt, dass größere Hoffnung im schier unkalkulierbaren Verhalten der Menge lag, die sich weigerte, auf Befehl irgendeiner Person in Reih und Glied zu marschieren. Die unbegrenzte Zahl von Faktoren, die ständig im Spiel sind, macht es für einen Idealisten oder einen Tyrannen, einen Brutus oder einen Macbeth, unmöglich, den Gang der Ereignisse zu kontrollieren oder »schon Zukunft hier im Jetzt« zu sehen, wie Lady Macbeth es sich einbildet (I, 5, 57).

Als Dramatiker machte Shakespeare sich diese Unvorhersehbarkeit auffällig zu eigen. Er schrieb Stücke mit Haupt- und Nebenhandlungen, warf Könige und Narren zusammen, brach immer wieder literarische Gattungsregeln und übertrug sowohl den Schauspielern wie dem Publikum die Kontrolle über die Interpretation. In dieser Theaterpraxis liegt ein fundamentales Vertrauen begründet, dass eine extrem heterogene, zufällige Ansammlung von Zuschauern sich am Ende einen Reim darauf machen kann. Shakespeares Zeitgenosse Ben Jonson äußerte einst die Fantasie, die Zuschauer sollten ein Stück gemäß ihrer Finanzkraft beurteilen dürfen: »Ein jeder soll gesetzlich berechtigt sein, sein Urteil anzugeben je nach der Höhe seines Eintrittspreises, sei er sechs Pence, zwölf Pence, achtzehn Pence, zwei Schillinge oder eine halbe Krone hoch.«[22] Nichts konnte Shakespeares ureigener Überzeugung ferner liegen. Für ihn hat jeder im Theater das gleiche Recht, sich eine Meinung zu bilden, und die Gesamtheit der Meinungen, so chaotisch sie ausfallen mag, wird letztlich über Erfolg oder Misserfolg des Unternehmens entscheiden.

Eine ähnliche Überzeugung liegt wohl der Darstellung der knappen Rettung Roms vor der Tyrannei in *Coriolan* zugrunde, einer Rettung, die aus einem Knäuel von Ursachen erwächst: der psychischen Labilität des autokratischen Helden, der Überredungskunst seiner Mutter, der beschränkten Handlungsfähigkeit des Volkes, dem Verhalten der Wähler und ihrer gewählten Anführer. Der Dramatiker wusste, dass es leicht ist, diese Anführer mit Zynismus zu betrachten und an den allzu menschlich handelnden Männern und Frauen zu verzweifeln, die ihnen ihr Vertrauen schenken. Die Anführer sind oft kompromittiert und käuflich; die Menge ist oft dumm, undankbar, leicht von Demagogen zu täuschen und unschlüssig über ihre wahren Interessen. Es gibt Zeiten, manchmal recht lange, in denen die grausamsten Motive zu triumphieren scheinen. Doch Shakespeare war überzeugt, die Tyrannen und ihre Günstlinge würden am Ende scheitern, an ihrer eigenen Bösartigkeit und an einem Geist der Menschlichkeit, der sich zwar unterdrücken, aber nie ganz ausrotten lasse. Die größte Chance, den kollektiven Anstand wiederzubeleben, lag für ihn im politischen Handeln gewöhnlicher Bürger. Er verlor nie die Menschen aus dem Blick, die beharrlich schwiegen, wenn sie dem Tyrannen zujubeln sollten: den Diener, der seinen bösartigen Herrn am Foltern eines Gefangenen zu hindern versuchte, oder den hungrigen Bürger, der nach Gerechtigkeit verlangte. »Was ist die Stadt sonst als das Volk?«

DANKSAGUNG

Vor nicht allzu langer Zeit, die aber jetzt schon ein Jahrhundert zurückzuliegen scheint, saß ich in einem grünen Garten auf Sardinien und äußerte meine wachsende Sorge über den Ausgang einer bevorstehenden Wahl. Mein Freund, der Historiker Bernhard Jussen, fragte mich, was ich deswegen tun wolle. »Was kann ich denn tun?«, fragte ich. »Du kannst etwas schreiben«, sagte er. Und das habe ich getan.

Das war der Keim dieses Buches. Und nachdem die Wahl meine schlimmsten Befürchtungen bestätigt hatte, lauschten meine Liebsten, meine Ehefrau Ramie Targoff und mein Sohn Harry, am Esstisch meinen Grübeleien über Shakespeares unheimliche Relevanz für die politische Welt, in der wir uns nun befinden, und drängten mich, das Thema anzupacken. Und so habe ich es getan.

Ich danke zunächst Misha Teramura, einem begabten Literaturwissenschaftler, für seine Hilfe beim Verständnis der verwickelten Beziehung zwischen Shakespeares *Richard II.* und dem schicksalhaften Essex-Aufstand und auch für seine scharfsinnigen und stets hilfreichen Kommentare zu verschiedenen Kapiteln. Mein Dank gilt auch Jeffrey Knapp, der das gesamte Manuskript mit Wohlwollen und kritischem Blick las. Nicholas Utzig und Bailey Sincox halfen mir sehr durch ihre Forschungen zum Verrat im Tudor-Recht und der Darstellung von Tyrannei auf der Bühne. Meine Freunde und häufigen Lehrpartner Luke Menand und Joseph Koerner waren mir innerhalb wie außerhalb des Seminarraums eine unerschöpfliche Quelle der Inspiration. Wie stets gibt es auch einen viel weiteren Kreis von Menschen, denen ich zu danken habe, darunter vor allem Howard Jacobson, Meg Koerner, Thomas Laqueur, Sigrid Rausing, Michael Sexton, James Shapiro und Michael Witmore. Für alle Schnitzer in diesem Buch bin natürlich ich allein verantwortlich.

Aubrey Everett war eine hervorragend begabte, umsichtige und effiziente Assistentin. Mein mit Luchsaugen begabter Korrektor Don Rifkin bei Norton machte viele wertvolle Vorschläge, ebenso wie Bailey Sincox. Wieder einmal habe ich die Gelegenheit, Jill Kneerim, der denkbar besten Agentin, und Alane Mason, der denkbar besten Lektorin, meinen tiefen Dank auszusprechen. Welche Rolle Ramie Targoff bei der Entstehung dieses Buches spielte, habe ich schon erwähnt. Es bleibt nur noch, meine Liebe für sie und meine wunderbare, mich stützende Familie auszudrücken.

ANHANG

ANMERKUNGEN

1 Buchanan wird zitiert nach *A Dialogue on the Law of Kingship Among the Scots: A Critical Edition and Translation of George Buchanan's »De Iure Regni apud Scotos Dialogus«*, übers. u. hrsg. v. Roger A. Mason und Martin S. Smith. Aldershot 2004.

2 Laut dem Gesetz (Treasons Act, 26 Henry VIII, c. 13, in *Statutes of the Realm,* III, 508) war es Verrat, »beleidigend und böswillig zu drucken und zu äußern, in Wort oder Schrift, dass der König« ein Schismatiker, Tyrann, Ungläubiger oder Usurpator der Krone sei.

3 Siehe Misha Teramura, »Richard Topcliffe's Informant: New Light on *The Isle of Dogs*«, *Review of English Studies,* New Series 68 (2016), S. 43-59. Der widerwärtige Topcliffe war der berüchtigtste Verhörbeamte der Regierung und für seinen Sadismus gehasst und gefürchtet. Der Katholik John Gerard, der von Topcliffe gefoltert wurde, nannte ihn den »grausamsten Tyrannen von ganz England« (46). In einem herausragenden Stück Detektivarbeit identifiziert Teramura den Hauptspitzel im Fall von *The Isle of Dogs* als den Schuft William Udall.

4 Alle Shakespeare-Zitate der englischen Ausgabe folgen dem *Norton Shakespeare*, 3. Aufl., hrsg. v. Stephen Greenblatt u. a. New York 2016. Rund die Hälfte von Shakespeares Stücken existiert in zwei Versionen, die Autorität beanspruchen, einer Quarto- und einer Folio-Version. Wenn nicht anders angegeben, stammen die Zitate aus dem Folio-Text. Die deutsche Ausgabe zitiert nach Akt, Szene

und Zeile die Übersetzungen von Frank Günther, die 1995–2016 zweisprachig beim Deutschen Taschenbuchverlag, München, und beim Verlag Ars Vivendi, Cadolzburg, erschienen sind.

5 Derek Wilson, *Sir Francis Walsingham: A Courtier in an Age of Terror.* New York 2007, S. 179-180.

6 »Über die Religionspolitik der Königin (Brief an Critoy).« Der Brief war von Walsingham unterzeichnet, aber offensichtlich von Francis Bacon vorbereitet und erschien in dessen 1592 geschriebenem, aber erst 1861 gedrucktem Werk *Notes upon a Libel.* Der Brief beschreibt, dass Elizabeth I., »die keine Fenster in die Herzen der Menschen und ihre geheimen Gedanken machen wollte, wenn ihr Überfluss nicht in offene und ausdrückliche Taten oder Worte überlief, ihre Gesetze so abmilderte, dass sie nur offenen Ungehorsam bändigten, wenn er vorsätzlich und böswillig die Macht Ihrer Majestät bestritt und in Zweifel zog oder eine ausländische Gerichtsbarkeit verfocht und lobte.« Siehe Francis Bacon, *Early Writings: 1584–1596,* hrsg. v. Alan Stewart u. Harriet Knight. Oxford 2012, S. 35–36 [*The Oxford Francis Bacon*, I].

7 Kardinal von Como, Brief vom 12. Dezember 1580, in Alison Plowden, *Danger to Elizabeth: The Catholics Under Elizabeth I.* New York 1973. Vgl. Wilson, *Walsingham*, S. 105.

8 Wilson, *Walsingham,* S. 121.

9 F. G. Emmison, *Elizabethan Life: Disorder.* Chelmsford 1970, S. 57-58.

10 John Guy, *Elizabeth: The Forgotten Years.* New York 2016, S. 364.

11 Dramatiker durften Komplimente an Elisabeth einbauen, etwa wenn Oberon im *Sommernachtstraum* die »Himmelgöttin« erwähnt, die Cupidos Pfeil verfehlte (II, 1, 163). In Thomas Dekkers *Shoemakers' Holiday* (1600) hat die Figur der Königin einen Kurzauftritt.

12 In *How Shakespeare Put Politics on the Stage: Power and Succession in the History Plays.* New Haven und London 2016, argumentiert der Historiker Peter Lake sehr detailliert, dass Shakespeare zu der Zeit, als er *Heinrich V.* schrieb, »eine deutliche Essex-Agenda« vertrat, »organisiert um die nationale Einheit und mit einer Rückkehr zur monarchischen Legitimität, die durch einen energischen Krieg gegen eine papsttreue, aber keinesfalls scharf katholische Version der ausländischen Bedrohung erreicht werden sollte« (584). Dass diese Agenda sich als Illusion erwies und Shakespeare darum alles falsch verstand, führt Lake zu dem Schluss, »dass es nicht notwendig ist, politisch korrekt zu sein oder wenigstens die Politik korrekt zu sehen, um Stücke zu schreiben, die überdauern« (603).

13 Essex' Beleidigung ist festgehalten in Sir Walter Raleighs posthumer Schrift *The Prerogative of Parlaments* [sic] *in England.* London 1628, S. 43. Nach Raleighs Meinung kosteten Essex' unbedachte Worte »ihn den Kopf, den sein Aufstand ihn ohne diese Rede nicht gekostet hätte«.

14 Guy, *Elizabeth*, S. 339.

15 In der von der Regierung autorisierten *Declaration of the Practises and Treasons by Robert Late Earl of Essex* (Erklärung der Handlungen und Verrätereien des sel. Robert, Graf von Essex) behauptete Francis Bacon, Meyrick habe im Theater dargestellt sehen wollen, was er von Essex in der Wirklichkeit erhoffte: »So sehr wollte er seine Augen am Anblick dieser Tragödie erfreuen, von der er meinte, sein Herr werde sie bald von der Bühne auf den Staat übertragen« (zit. n. E. K. Chambers, *William Shakespeare: A Study of Facts and Problems*, I–II. Oxford 1930, II, S. 326).

16 Laut Gesetz war es ein verräterischer Akt, »wenn ein Mann den Tod unseres Herrn, des Königs, oder unserer Herrin, seiner Königin, oder ihres ältesten Sohnes und Erben ersinnt oder vorstellt, oder wenn ein Mann der Gattin des Königs oder der ältesten unverheirateten Tochter des Königs oder der Gattin des ältesten Kö-

nigssohnes und Erben Gewalt antut, oder wenn ein Mann Krieg gegen unseren Herrn, den König, in seinem Reich führt oder sich den Feinden des Königs in seinem Reich anschließt und ihnen Hilfe im Reich oder anderswo leistet« (25 Edward III, c. 2; *Statutes of the Realm,* I, 319–320). Ich bin der Arbeit von Nicholas Utzig über dieses Thema verpflichtet.

17 Siehe Jason Scott-Warren, »Was Elizabeth I Richard II? The Authenticity of Lambarde's ›Conversation‹«, *Review of English Studies,* New Series 64 (2012), S. 208–230.

18 Manningham (1602) in: Chambers, *William Shakespeare,* II, S. 212.

19 Zit. n. *Narrative and Dramatic Sources of Shakespeare,* I–VIII, hrsg. v. Geoffrey Bullough. New York, 1977, V, S. 557. Siehe auch *Coriolanus,* hrsg. v. Peter Holland. London 2013, S. 60-61 [*The Arden Shakespeare*].

20 Zu den Affinitäten zwischen Shakespeare und der modernen Massenunterhaltung siehe Jeffrey Knapp, *Pleasing Everyone: Mass Entertainment in Renaissance London and Golden-Age Hollywood.* Oxford 2017.

21 Thomas Morus, *Utopia.* Stuttgart 1983, S. 144.

22 Ben Jonson, »Vorspiel« zu *Der Bartholomäusmarkt,* in: *Volpone oder Der Fuchs. Der Alchemist. Der Bartholomäusmarkt.* Leipzig 1973, S. 298.

REGISTER

Historische Personen

Babington, Anthony 19, 22
Ball, John 55
bin Laden, Osama 19
Boétie, Etienne de la 81
Buchanan, George 9
Burbage, Richard 96

Cade, Jack (John) 11, 46, 178
Cäsar, Julius 11, 169
Cecil, Robert 25–27
Clarence, Herzog von 90
Coriolanus siehe Marcius, Gaius

Elisabeth I. 10, 13–14, 16–26, 31–32, 90, 201
Essex, Graf von 24–27, 29, 31

Felton, John 201

Gandhi, Mahatma 81
Gregor XIII. 18

Heinrich VI 90
Heinrich VIII 10, 148

Jakob I. 201
Jonson, Ben 11, 202, 206

Kent, Graf von 175
Kyd, Thomas 202

Lambarde, William 31

Manningham, John 96
Marcius, Gaius 11, 171
Marlowe, Christopher 202
Meyrick, Sir Gelly 26–27, 29–32
Montaigne 81
Morus, Sir Thomas 67, 90, 203

Nashe, Thomas 202

O'Neill, Hugh 24
Oranien, Wilhelm von 15

Pius V 18
Perrot, Sir John 20
Pol Pot 55

Raleigh, Sir Walter 20, 25–27
Reynolds, John 174–175
Richard II. 13
Richard III. 11, 13, 90, 108

Shrewsbury, Graf von 174–175
Somerset, Herzog von 35
Southampton, Graf von 24–26
Stalin, Josef 148
Stuart, Maria 16–19, 22
Stubbs, John 201

Walsingham, Francis 16, 18–19
Wilhelm von Oranien siehe Oranien, Wilhelm von

York, Herzog von 11, 35

Dramen

Antonius und Kleopatra 21

Coriolan 21, 135, 173, 175–200, 206
Cymbeline 13

Hamlet 81, 108
Heinrich IV. 12
Heinrich V. 21, 23–24, 26, 32
Heinrich VI. 33–43, 45–63, 65, 67–73, 75, 83

Julius Cäsar 102–103, 108, 165–172

König Lear 13, 74, 129–139, 143, 151, 158–165, 204

Macbeth 13, 108, 111–127, 129, 130, 155, 157, 158, 160, 161, 205–206
Maß für Maß 12

Othello 74

Richard II. 21, 27–32
Richard III. 21, 65–68, 73–77, 79–97, 99–109, 111–112, 115, 116, 118, 121, 126, 129, 135, 156, 157, 158, 160, 161, 164

Sommernachtstraum 74
Sturm 74

Titus Andronicus 11, 156, 157

Viel Lärm um nichts 74

Wintermärchen 12, 139–153, 155

Stephen Greenblatt

Die Geschichte von Adam und Eva

Der mächtigste Mythos der Menschheit

Der Bestseller des Pulitzer-Preisträgers

Warum fasziniert uns die Geschichte von Adam und Eva noch heute? Unsere Vorstellungen vom Paradies, von Scham und Sünde, unser Frauenbild – wie sehr wurden sie von dieser Urerzählung geprägt? Stephen Greenblatt schildert nicht nur das Erbe von Adam und Eva in der christlichen Kultur seit Augustinus und Dürer. Er zeigt uns auch, dass dieser Mythos eine existenzielle Frage berührt, die die moderne Wissenschaft nicht beantworten kann – was es nämlich heißt, ein Mensch zu sein.

»Stephen Greenblatts Buch ist auch eine Erzählung von der Macht der Kunst und Literatur, glänzend geschrieben, unterhaltsam und gelehrt.«

Der Tagesspiegel

»In seinem wundervollen Buch zeigt er, dass es kaum eine Geschichte gibt, die uns so einfach und schonungslos vor Augen führt, wer wir Menschen sind.«

Neue Zürcher Zeitung

»Greenblatt schreibt neugierig, schwungvoll und mit intellektuellem Vergnügen; man folgt ihm fasziniert.«

Berliner Zeitung

Stephen Greenblatt

Die Wende

Wie die Renaissance begann

Ausgezeichnet mit dem Pulitzerpreis und dem National Book Award

Stephen Greenblatt führt uns in seinem preisgekrönten Buch an die Zeitenwende zwischen dem ausgehenden Mittelalter und der beginnenden Renaissance. Dabei folgt er den Spuren von Lukrez' *De rerum natura* – einem antiken Text, der zu Beginn des 15. Jahrhunderts wiederentdeckt wurde, das Denken radikal veränderte und die Menschen in die Moderne führte. Wie konnte ein einzelnes Buch dem Lauf der Geschichte eine neue Richtung geben?

»Eine von Greenblatt meisterhaft inszenierte Verführung.«

Frankfurter Allgemeine Sonntagszeitung

»Greenblatt schreibt so schwungvoll, wie ein epikureisches Atom durch die Gegend saust. Ein Schmöker.«

Süddeutsche Zeitung

»Stephen Greenblatt hat ein faszinierendes Buch über die Renaissance geschrieben – und über die Wirkungsmacht eines antiken Philosophen, dessen Werk zur Inspiration für Aufklärung und Moderne wurde.«

DER SPIEGEL

»›Die Wende‹ ist ein glänzend erzähltes, kenntnisreich souveränes Buch über einen bisher wenig beachteten Faden im schillernden Gewebe, als das die Renaissance bis heute fasziniert.«

Berliner Zeitung

Stephen Greenblatt

Will in der Welt

Wie Shakespeare zu Shakespeare wurde

Die hochgelobte Shakespeare-Biografie von Stephen Greenblatt

Shakespeare ist wohl der bekannteste Dramatiker aller Zeiten, doch über sein Leben wissen wir so gut wie nichts. Kein Brief blieb von ihm erhalten, wir kennen nur ein paar dürre Lebensdaten – und ein überaus nüchternes Testament, in dem er seiner Frau sein zweitbestes Bett vermacht. In seiner Biografie versucht Stephen Greenblatt mit detektivischem Scharfsinn, die Lücken dieser Lebensgeschichte zu füllen und hinter das Geheimnis zu kommen, wie aus einem talentierten Jungen aus einer englischen Kleinstadt der größte Dramatiker aller Zeiten werden konnte.

»Ein Meisterwerk der Spekulation.«

DIE ZEIT

»Eine glänzend imaginierte Lebensgeschichte.«

Literaturen

»Greenblatt setzt seine Phantasie ein, und er animiert die seiner Leser; dadurch gelingt ihm oft, das besondere Shakespeare-Feeling herauszukitzeln.«

Frankfurter Rundschau

»Das intelligenteste und leidenschaftlichste Buch über Shakespeares Leben und Werk.«

The New Yorker